普通高等教育"十二五"规划教材

化学综合实验

首都师范大学化学实验教学中心 编

科学出版社
北京

内 容 简 介

本书共分为两篇，第一篇为基础型综合实验，实验内容涉及材料合成、有机物合成及分离检测等，共 9 个实验；第二篇为研究型综合实验，包含 24 个实验，涵盖无机化学、有机化学、分析化学、高分子化学、物理化学等与化学研究相关的实验内容，涉及多种功能材料的合成、分离与提纯、物理化学性质测定和结构表征等，部分实验内容是由教师科研成果转化而来，具有较好的综合性和创新性。此外，每个实验设计都留有深入探索的空间，鼓励学生在实验之余继续探索，实现教学内容的外延发展，促进学生科研创新能力的发展。

本书可作为高等学校化学及相关专业的本科生和研究生教材，也可供化学相关专业的教师和科研技术人员参考。

图书在版编目（CIP）数据

化学综合实验/首都师范大学化学实验教学中心编. —北京：科学出版社，2017

普通高等教育"十二五"规划教材
ISBN 978-7-03-051684-8

Ⅰ. ①化⋯ Ⅱ. ①首⋯ Ⅲ. ①化学实验-高等学校-教材 Ⅳ. ①O6-3

中国版本图书馆 CIP 数据核字（2017）第 014345 号

责任编辑：丁　里／责任校对：何艳萍
责任印制：张　伟／封面设计：迷底书装

科学出版社出版
北京东黄城根北街 16 号
邮政编码：100717
http://www.sciencep.com

北京九州迅驰传媒文化有限公司 印刷
科学出版社发行　各地新华书店经销
*

2017 年 3 月第 一 版　开本：720×1000　B5
2022 年 1 月第六次印刷　印张：11 1/4
字数：227 000
定价：**39.00 元**
（如有印装质量问题，我社负责调换）

前　言

化学综合实验是在无机化学实验、分析化学实验、有机化学实验和物理化学实验等基础实验课程基础之上开设的综合性实践课程，从实验内容和实验技术上体现综合性和设计性，培养学生运用所学知识分析问题和解决问题的能力。

本书是首都师范大学化学实验教学中心多年来探索化学专业人才培养模式的成果积累。在本书编写过程中，注重将教师科研成果转化为实验教学内容，将新技术和新仪器融入实验教学设计中，并注重实验教学内容的多样性和综合性。编者已经在首都师范大学进行了多轮实验教学实践并不断完善，逐渐形成了本书的主体内容。

本次教材编写得到了首都师范大学化学系多位教师的支持，参与编写的教师有马占芳、左霞、邓玉恒、娄新徽、廖奕、魏玮、肖岭梅、袁菁、马洁、韩天宇、廖清、王健春、孟祥福、林雨青、相玉红、刘月英、陈郑博、叶能胜、万重庆、金琼花、梁建波、李伟、吉琳、冯晓颖、郑婷婷、段雨爱、韩洪亮和王前。全书由叶能胜统稿，左霞教授定稿。

由于编者水平有限，书中难免存在疏漏和不足之处，恳请读者批评指正。

编　者

2017 年 1 月

目　　录

前言

第一篇　基础型综合实验

实验 1　三草酸合铁(Ⅲ)酸钾的制备和组成测定 ……………………………………… 3
实验 2　杂多化合物 $K_5CoW_{12}O_{40} \cdot 20H_2O$ 的合成与鉴定 ……………………………… 7
实验 3　无水四碘化锡的制备与表征 ……………………………………………………… 11
实验 4　安息香的合成 ……………………………………………………………………… 15
实验 5　安息香衍生物二苯基乙二酮的合成及表征 …………………………………… 18
实验 6　2-氨基-1,3,4-噻二唑(敌枯唑)的合成 ………………………………………… 20
实验 7　天然水中盐类总量的测定 ……………………………………………………… 21
实验 8　离子交换法分离镍和钴及其含量的测定 ……………………………………… 24
实验 9　测定溶剂萃取锌的萃取分配比 ………………………………………………… 29

第二篇　研究型综合实验

实验 10　金纳米粒子的制备、表面修饰及表征 ………………………………………… 33
实验 11　多孔金属-有机骨架化合物的制备和性质表征 ……………………………… 41
实验 12　α-Fe_2O_3 纳米颗粒的制备及催化性能测试 …………………………………… 58
实验 13　水溶性纳米发光探针的制备及表征 …………………………………………… 62
实验 14　葡萄糖电化学生物传感器的制备及表征 ……………………………………… 68
实验 15　从废塑料中提取对苯二甲酸及其应用 ………………………………………… 75
实验 16　聚乙烯醇/TiO_2 纳米复合薄膜的制备与光催化性能表征 …………………… 77
实验 17　钴(Ⅲ)配合物及其异构体的制备及表征 ……………………………………… 81
实验 18　配合物 trans-[Co(en)$_2$Cl$_2$]Cl 的制备及性质测定 …………………………… 87
实验 19　叶绿素(天然金属卟啉)的分离及性质测定 …………………………………… 92
实验 20　碳纳米管/酞菁钴复合材料修饰电极的制备及其应用 ……………………… 96
实验 21　高效液相色谱法测定茶叶中的儿茶素 ………………………………………… 100
实验 22　适配子生物传感器比色法检测水溶液中的钾离子 …………………………… 108
实验 23　利用近红外光谱测定柑橘的酸度 ……………………………………………… 111
实验 24　普鲁士蓝薄膜修饰电极的制备及基于不同原理对钾离子和过氧化

氢的分析测定 ·· 115
实验 25　荧光光谱仪检测罗丹明 B 的稳态光谱、寿命及其量子产率 ············ 121
实验 26　pH 响应型水凝胶的制备、表征与检测 ·· 126
实验 27　聚甲基丙烯酸甲酯的性能测定及评估 ·· 131
实验 28　超临界流体负载法制备固体催化剂及其应用 ·································· 144
实验 29　过碳酸钠的制备、检验及性能测试 ·· 148
实验 30　无机半导体染料敏化太阳能电池的组装 ·· 151
实验 31　中学化学手持技术实验 ·· 154
实验 32　乙酰基二茂铁的制备 ·· 158
实验 33　超临界二氧化碳萃取葡萄籽油的研究 ·· 159

附　　录

附录 1　紫外光谱 ·· 169
附录 2　红外光谱 ·· 171
附录 3　近红外光谱分析的一般步骤 ·· 173

第一篇 基础型综合实验

实验 1　三草酸合铁(Ⅲ)酸钾的制备和组成测定

一、实验目的

(1) 掌握合成 $K_3[Fe(C_2O_4)_3]\cdot 3H_2O$ 的基本原理和操作技术。
(2) 加深对铁(Ⅲ)化合物和铁(Ⅱ)化合物性质的了解。
(3) 掌握滴定分析、电导率仪等基本操作。

二、实验原理

本实验以硫酸亚铁铵为原料，与草酸在酸性溶液中先制得草酸亚铁沉淀，然后草酸亚铁在草酸钾和草酸的存在下，以过氧化氢为氧化剂，得到三草酸合铁(Ⅲ)酸钾配合物。主要反应为

$$(NH_4)_2Fe(SO_4)_2 + H_2C_2O_4 + 2H_2O = FeC_2O_4\cdot 2H_2O\downarrow + (NH_4)_2SO_4 + H_2SO_4$$

$$2FeC_2O_4\cdot 2H_2O + H_2O_2 + 3K_2C_2O_4 + H_2C_2O_4 = 2K_3[Fe(C_2O_4)_3]\cdot 3H_2O$$

改变溶剂极性并加少量盐析剂，可析出绿色单斜晶体纯的三草酸合铁(Ⅲ)酸钾，通过化学分析确定配离子的组成。用 $KMnO_4$ 标准溶液在酸性介质中滴定测得草酸根的含量。Fe^{3+} 含量可先用过量锌粉将其还原为 Fe^{2+}，然后用 $KMnO_4$ 标准溶液滴定而测得，其反应式为

$$5C_2O_4^{2-} + 2MnO_4^- + 16H^+ = 10CO_2\uparrow + 2Mn^{2+} + 8H_2O$$

$$5Fe^{2+} + MnO_4^- + 8H^+ = 5Fe^{3+} + Mn^{2+} + 4H_2O$$

$K_3[Fe(C_2O_4)_3]\cdot 3H_2O$ 加热到 373 K 脱去结晶水，在 503 K 时分解，其质量也随之变化。配离子的电荷可通过测定溶液的电导求得。电解质溶液的电导率 κ 随溶液中离子数目的不同而变化，即随溶液浓度不同而变化。因此，通常用摩尔电导率 Λ_m 来衡量电解质溶液的导电能力。摩尔电导率的定义为：1 mol 电解质溶液置于相距为 1 cm 的两电极间的电导。摩尔电导率与电导率的关系为

$$\Lambda_m = \kappa \times 1000/c$$

式中，c 为电解质溶液的物质的量浓度。该关系式还可写为

$$\Lambda_m = \kappa\mu \times 1000$$

式中，μ 为稀度，表示溶液稀释的程度。

摩尔电导率将随着每摩尔溶质所产生的离子数目而变化，因此摩尔电导率可提供关于每摩尔溶质所产生的离子数据。如果测得一系列已知离子数目的物质的摩尔电导率，并与被测配合物的摩尔电导率相比较，即可求得配合物的离子总数，从而可以确定配离子的电荷数。在 298 K 时，在稀的水溶液中电离出 2、3、4 和

5 个离子的摩尔电导率范围示于表 1-1 中。

表 1-1　离子数与 Λ_m 之间的关系

离子数	2	3	4	5
Λ_m/(S·cm²/mol)	118~131	235~273	408~435	523~560

摩尔电导率随着电解质溶液浓度的减小而增大，并在极稀溶液中趋近一恒定值。

三草酸合铁(Ⅲ)酸钾在光化学研究上常作为测定光量子效率的试剂，光化学反应是由光子供给能量进行的化学反应。在紫外光的作用下，一个$[Fe(C_2O_4)_3]^{3-}$吸收一个光量子后，就得到一个活化配离子(激发态)，激发态进一步发生离子内的电子转移，结果使中心离子 Fe(Ⅲ) 变为 Fe(Ⅱ)、$C_2O_4^{2-}$ 被氧化为 CO_2，反应过程为

$$2[Fe(C_2O_4)_3]^{3-} \xrightarrow{h\nu} 2[Fe(C_2O_4)_3]^{3-*} \longrightarrow 2Fe^{2+} + 2CO_2 + 5C_2O_4^{2-}$$

其中配离子的光量子数越多，产生的 Fe^{2+} 也越多。六氰合铁(Ⅲ)酸钾与 Fe^{2+} 反应生成深蓝色沉淀：

$$3Fe^{2+} + 2[Fe(CN)_6]^{3-} =\!=\!= Fe_3[Fe(CN)_6]_2 \downarrow (深蓝)$$

早期的晒图工艺就是依据此原理进行操作的。

三、仪器和试剂

仪器：托盘天平，分析天平，抽滤装置，烧杯(100 mL)，电炉，电导率仪，25 mL 移液管，50 mL、100 mL 容量瓶，250 mL 锥形瓶，100 mL 烧杯。

试剂：$(NH_4)_2Fe(SO_4)_2·6H_2O$，1 mol/L H_2SO_4，$H_2C_2O_4$ 饱和溶液，$K_2C_2O_4$ 饱和溶液，KCl(A.R.)，300 g/L KNO_3，95%乙醇，乙醇-丙酮混合液(1:1)，5% $K_3[Fe(CN)_6]$，3% H_2O_2，$KMnO_4$。

四、实验步骤

1. 三草酸合铁(Ⅲ)酸钾的制备

1) 草酸亚铁的制备

称取 5 g 硫酸亚铁铵固体放在 100 mL 烧杯中，然后加入 15 mL 蒸馏水和 5~6 滴 1 mol/L H_2SO_4，加热溶解后，再加入 25 mL 饱和草酸溶液，加热搅拌至沸，然后迅速搅拌片刻，防止飞溅。停止加热，静置。待黄色晶体 $FeC_2O_4·2H_2O$ 沉淀后倾析，弃去上层清液，加入 20 mL 蒸馏水洗涤晶体，搅拌并温热，静置，弃去上层清液，即得黄色晶体草酸亚铁。

2) 三草酸合铁(Ⅲ)酸钾的制备

向草酸亚铁沉淀中加入 10 mL 饱和 $K_2C_2O_4$ 溶液,水浴加热 313 K,恒温下慢慢滴加 20 mL 3% H_2O_2 溶液,沉淀转为深棕色。边加边搅拌,加完后将溶液加热至沸,然后加入 8 mL 饱和草酸溶液,沉淀立即溶解,溶液转为绿色。趁热过滤,滤液转入 100 mL 烧杯中,加入 10 mL 95%乙醇,混匀后冷却,可以看到烧杯底部有晶体析出。为了加快结晶速度,可向其中滴加 KNO_3 溶液。晶体完全析出后,抽滤,用 10 mL 乙醇-丙酮混合液淋洒滤饼,抽干混合液。固体产品置于表面皿上,置暗处晾干。称量,计算产率。

2. 三草酸合铁酸钾组成的测定

1) 草酸根含量的测定

把制得的 $K_3Fe[(C_2O_4)_3]·3H_2O$ 在 110 ℃于恒温干燥箱中干燥 1 h,在干燥器中冷却至室温,精确称取样品约 0.2 g,放入 250 mL 锥形瓶中,加 25 mL 水和 5 mL 1 mol/L H_2SO_4,用 0.1000 mol/L $KMnO_4$ 标准溶液滴定。滴定时先加入 8 mL $KMnO_4$ 标准溶液,然后加热到 343～358 K(不高于 358 K)直至紫红色消失。再用 $KMnO_4$ 滴定热溶液,直至微红色在 30 s 内不消失。记下消耗 $KMnO_4$ 标准溶液的体积,计算 $K_3Fe[(C_2O_4)_3]·3H_2O$ 中草酸根的含量,并换算成物质的量。滴定后的溶液保留待用。

2) 铁含量的测定

在上述滴定过草酸根的保留溶液中加锌粉还原,至黄色消失。加热 3 min,使 Fe^{3+} 完全转变为 Fe^{2+},抽滤,用温水洗涤沉淀。滤液转入 250 mL 锥形瓶中,再用 $KMnO_4$ 标准溶液滴定至微红色。计算 $K_3[Fe(C_2O_4)_3]$ 中含铁量,并换算成物质的量。

结论:在 1 mol 产品中含 $C_2O_4^{2-}$ _____mol,Fe^{3+} _____mol,该物质的化学式为_____。

3. 三草酸合铁(Ⅲ)酸根离子电荷数的测定

1) 电导池常数的测定

准确称取 0.1491 g 已干燥的 KCl 溶于水中,稀释至 100 mL,得 0.02 mol/L KCl 溶液,水浴保持在 298 K,用电导率仪测定其电导。已知 0.02 mol/L KCl 溶液在 298 K 时的电导率为 0.002 768 S/cm,计算电导池常数(电导池常数=电导率/电导)。

2) 摩尔电导率的测定

用分析天平准确称取 0.3844 g $K_3Fe[(C_2O_4)_3]·3H_2O$ 溶于水中,配成 100 mL 溶液,此溶液的稀度为 128,即表示 128 L 溶液中含有 1 mol 溶质。从稀度为 128 的溶液中依次取 25 mL、12.5 mL、6.25 mL 溶液分别稀释至 50 mL,则此三种溶液稀度分别为 256、512、1024。在 298 K 时用电导率仪测定以上四种溶液的摩尔电导率(表 1-2)，将结果与表 1-1 中提供的参考数值进行比较。

表 1-2　四种溶液的摩尔电导率

MA$_2$ 型(三离子电解质)		MA$_3$ 型(四离子电解质)	
稀度	摩尔电导率/(S·cm^2/mol)	稀度	摩尔电导率/(S·cm^2/mol)
128	215～260	128	340～370
256	220～270	256	370～440
512	230～280	512	440～420
1024	235～290	1024	420～450

4. 确定配离子的电荷数

根据测得的配合物溶液的摩尔电导率，参考表 1-1 和表 1-2 提供的数据，确定配合物的离子数，进而确定配离子的电荷数。

五、思考题

(1) 能否用 FeSO$_4$ 代替硫酸亚铁铵合成 K$_3$Fe[(C$_2$O$_4$)$_3$]？这时可用 HNO$_3$ 代替 H$_2$O$_2$ 作氧化剂，写出用 HNO$_3$ 作氧化剂的主要反应式。用哪个作氧化剂较好？为什么？

(2) 根据三草酸合铁(Ⅲ)酸钾的合成过程及其 TG 曲线，该化合物应如何保存？

(3) 在三草酸合铁(Ⅲ)酸钾的制备过程中，加入 8 mL 饱和草酸溶液后，沉淀溶解，溶液转为绿色。若往此溶液中加入 10 mL 95%乙醇或将此溶液过滤后往滤液中加入 10 mL 95%乙醇，现象有何不同？为什么？并说明对产品质量有何影响。

(4) 测定溶液的电导率时，对溶液的浓度有何要求？为什么？

(5) 在测定 Fe[(C$_2$O$_4$)$_3$]$^{3-}$ 的电荷数时，必须用新配制的溶液测定，为什么？

实验 2　杂多化合物 $K_5CoW_{12}O_{40} \cdot 20H_2O$ 的合成与鉴定

一、实验目的

(1) 了解杂多化合物的组成和结构。
(2) 了解杂多化合物的一般合成方法。
(3) 合成杂多化合物 $K_5CoW_{12}O_{40} \cdot 20H_2O$，并用红外光谱鉴定。

二、实验原理

杂多化合物的合成最早起源于 1826 年，科学家 Berzelius 发现将钼酸铵加入磷酸中会产生黄色沉淀，就是现在人们所熟知的钼黄 $[(NH_4)_3PMo_{12}O_{40}]$。1848 年，生成这种黄色化合物的沉淀法被用到分析化学中。但直到 1862 年，Marignac 发现钨硅酸及其盐后，这些杂多酸的组成才被确定下来。到 20 世纪初，已发现了近 60 种杂多酸及几百种盐。现在人们已经发现近 70 种元素可作为杂多酸中的杂原子。

经典的杂多化合物有两种最常见的组成类型，分别为具有 Keggin 结构的阴离子 $[XM_{12}O_{40}]$ 和具有 Dawson 结构的阴离子 $[X_2M_{12}O_{62}]$。具有 Keggin 结构的阴离子有五种异构体，其中 α-Keggin 结构如图 1-1(a) 所示，其中的杂原子 XO_4 四面体以桥氧被 4 个 M_3O_{13} 单元包围在中间。在 M_3O_{13} 单元中，3 个 MO_6 八面体之间两两共边后，3 个单元共用 1 个顶点构成 M_3O_{13}（考虑到共边和共顶点因素，每个单元只有 10 个氧原子，故可写成 M_3O_{10} 单元）。4 个 M_3O_{13} 单元之间靠顶点氧即构成 α-Keggin 结构。

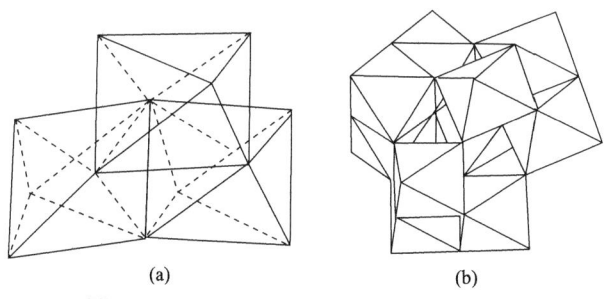

图 1-1　α-Keggin 结构(a) 和 M_3O_{13} 单元(b)

在性质方面，杂多酸是一种强质子酸，通常表现出比无机含氧酸（如硫酸、磷酸等）更强的酸性，并且杂多酸的酸强度可通过改变中心原子和多原子的种类来调变。除了能大量溶于水外，杂多酸在多种含氧有机溶剂中也有较高的溶解度，并且具有比在水溶液中更高的稳定性,所以被广泛用于有机合成中的均相催化体系。在精细化工合成方面,杂多酸型催化剂也展示了广阔的应用前景,俄罗斯的 Kozhevnikov 等做了开拓性的工作。日本在实现杂多酸催化剂的工业化规模应用方面成果最为显著,已取得了较大的经济效益和社会效益。我国对杂多酸催化剂的应用研究有坚实的基础,并做了大量的工作。

目前,杂多酸的催化研究领域仍然相当活跃,除了 Keggin 结构及其衍生物外,一些新型结构的杂多酸也在催化应用领域不断出现。可以预计,随着杂多酸型催化剂应用研究的深入,将会获得许多有价值的新发现,使更多的杂多酸催化剂的应用实现工业化规模。但是,近年来杂多化合物的概念有被"金属氧酸盐"或"金属氧原子簇"取代的趋势。

常用来合成杂多化合物的方法是酸化含杂原子和含氧阴离子的水溶液:

$$7MoO_4^{2-}+8H^+ = [Mo_7O_{24}]^{6-}+4H_2O$$

$$12WO_4^{2-}+HPO_4^{2-}+23H^+ = [PW_{12}O_{40}]^{3-}+12H_2O$$

加入合适的阳离子,杂多化合物从水溶液中析出。在实验中,试剂的加入顺序、合适的反应温度、溶液的 pH 控制均十分重要。

本实验合成杂多化合物 $K_5CoW_{12}O_{40}\cdot 20H_2O$,以铋酸钠作为氧化剂,将 Co^{2+} 氧化为 Co^{3+},用乙酸调节 pH 并用硫酸酸化产物,通过抽滤、洗涤等步骤纯化产物,得到较为纯净的溶液,使其自然结晶,可生成黄色棒状晶体。

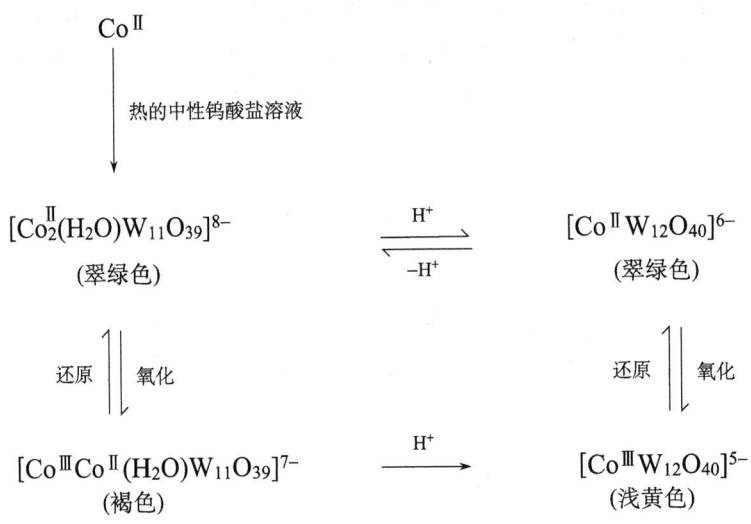

($[Co^{III}W_{12}O_{40}]^{5-}/[Co^{II}W_{12}O_{40}]^{6-}$ 的电极电势约为 1.07 V)

产物通过红外光谱测定,杂多化合物往往有特征的红外光谱,$K_5CoW_{12}O_{40}\cdot 20H_2O$ 的 IR 除了 $3400\sim 3500\ cm^{-1}$ 和 $1620\sim 1630\ cm^{-1}$ 两个结晶水的特征吸收峰

外，$[CoW_{12}O_{40}]^{5-}$ 有四个特征吸收峰，其中 955 cm^{-1}、895 cm^{-1}、758 cm^{-1} 吸收峰与 W—O 键振动有关，而 433 cm^{-1} 吸收峰可能与 Co—O 键振动有关。

三、仪器和试剂

仪器：水浴装置，抽滤装置，烧杯，量筒，搅拌棒，电子天平，精密 pH 试纸，生物显微镜（或放大镜），红外光谱仪，热重分析仪。

试剂：$NaWO_4·2H_2O$(C.P.)，H_2SO_4(A.R.)，$NaBiO_3$(A.R.)，$CoAc_2·4H_2O$(A.R.)，冰醋酸(A.R.)，K_2SO_4(A.R.)，冰块。

四、实验步骤

(1) 在烧杯中加入 13 mL 去离子水及两滴冰醋酸，加入 2.5 g $CoAc_2·4H_2O$，搅拌溶解，得到紫红色的乙酸钴溶液。

(2) 将 19.8 g $NaWO_4·2H_2O$ 溶于 40 mL 去离子水，用乙酸调节 pH 6.5~7.5，得钨酸钠溶液(严格控制 pH)。

(3) 将钨酸钠溶液放入沸水浴中加热 5 min，加入乙酸钴溶液，继续加热 15 min，称取 15.2 g K_2SO_4 加入溶液中并搅拌，加热 5 min 后，将溶液取出，自然冷却到室温抽滤，沉淀物呈深绿色，以少量滤液洗涤沉淀物。

(4) 取出沉淀物，加入 40 mL 2 mol/L 的硫酸溶解，将溶液水浴加热 10 min，趁热过滤，弃去不溶物(过滤速度较慢)。得到的溶液继续高温水浴(T=50 ℃)加热 2 min，称取 1.1 g $NaBiO_3$ 少量多次加入溶液中，不断搅拌直到溶液变为橙色。取出烧杯，将溶液自然冷却到室温，抽滤得到橙色透明溶液，用 50 mL 量筒测量并记录所得溶液，放置一周进行自然结晶，抽滤并洗涤得到黄色棒状晶体，称量，计算产率，测产物的红外光谱。

(5) $K_5CoW_{12}O_{40}·20H_2O$ 的红外光谱鉴定：取少量较纯净、空气中自然干燥的晶体产物，加入 100~200 倍的 KBr 晶体，按要求研细后压片，测其红外光谱，以鉴定产物纯度及结构。

若产物中有杂质，则红外光谱图上 1000~1200 cm^{-1} 处有几个吸收峰，杂质较多时，该区域的吸收峰较强，甚至会掩盖 W—O 在 955 cm^{-1} 处的特征吸收峰，并且 570~610 cm^{-1} 处出现强吸收峰。此外，$[CoW_{12}O_{40}]^{5-}$ 在红外光谱中的特征吸收峰可能有较小的位移，此为正常现象。图 1-2 为实际制得样品的红外光谱图。

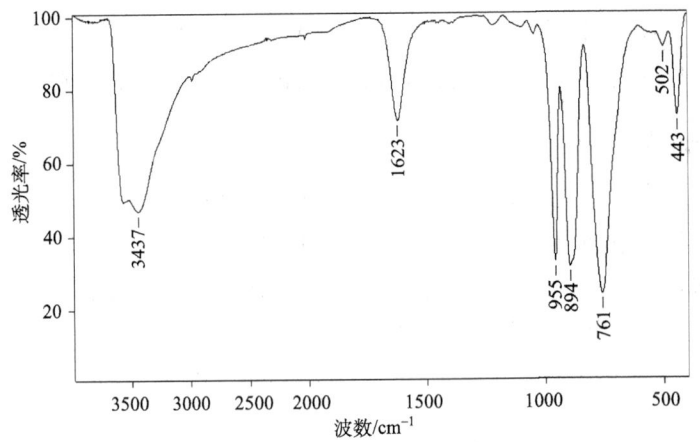

图 1-2　合成样品的红外光谱图

五、思考题

(1) 如何使晶体长得大而杂质尽可能少？
(2) 为什么化合物的特征红外吸收峰有时会略有位移？
(3) 为什么在乙酸钴溶解前，先向水中加两滴冰醋酸？

参 考 文 献

师同顺，徐家宁，郑国栋. 1995. 中级无机化学实验. 长春：吉林大学出版社：1-6.
张寒琦，徐家宁. 2006. 综合和设计化学实验. 北京：高等教育出版社：3-5.
邹明珠，张寒琦. 2000. 中级化学实验. 长春：吉林大学出版社：3-5.

实验3 无水四碘化锡的制备与表征

一、实验目的

(1) 学习在非水溶剂中制备无水四碘化锡的原理和方法。
(2) 学习加热、回流等基本操作。
(3) 了解如何根据所有消耗的试剂用量确定物质的最简式。
(4) 了解四碘化锡的某些化学性质。

二、实验原理

无水四碘化锡是橙红色的立方晶体,为共价型化合物,熔点416.5 K,沸点637 K,453 K开始升华,受潮易水解。在空气中也会缓慢水解,易溶于二硫化碳、三氯甲烷、四氯化碳、苯等有机溶剂中,在冰醋酸中溶解度较小。

根据四碘化锡溶解度的特性,它的制备一般在非水溶剂中进行,目前较多选择四氯化碳或冰醋酸为合成溶剂。

本实验采用冰醋酸为溶剂,金属锡和碘在非水溶剂冰醋酸和乙酸酐体系中直接合成无水四碘化锡:

$$Sn + 2I_2 = SnI_4$$

制备SnI_4的流程如下:

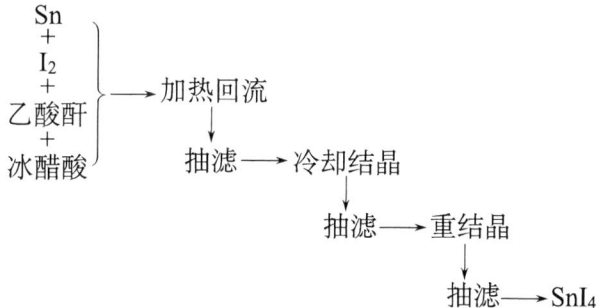

三、仪器和试剂

仪器:天平,圆底烧瓶(100~150 mL),球形冷凝管,布氏漏斗,抽滤瓶,干燥管,提勒管,酒精灯,滤纸,熔点管,软木塞。

试剂:$I_2(s)$,锡箔(s),无水氯化钙,沸石,无水乙酸,乙酸酐,氯仿,KI饱和溶液,丙酮,0.1 mol/L $AgNO_3$,1 mol/L $Pb(NO_3)_2$,稀H_2SO_4溶液,稀NaOH

溶液。

四、实验步骤

1. 四碘化锡的制备

在 100~150 mL 干燥的圆底烧瓶中加入 0.5 g 碎锡箔和 2.5 g I_2,再加入 30 mL 无水乙酸和 30 mL 乙酸酐,加入少量沸石。如图 1-3 所示,装好球形冷凝管和干燥管,用酒精灯加热至沸,加热 1~1.5 h,直至紫红色的碘蒸气消失,溶液颜色由紫红色变成橙红色,停止加热。冷却至室温即有橙红色的四碘化锡晶体析出,用布氏漏斗抽滤。

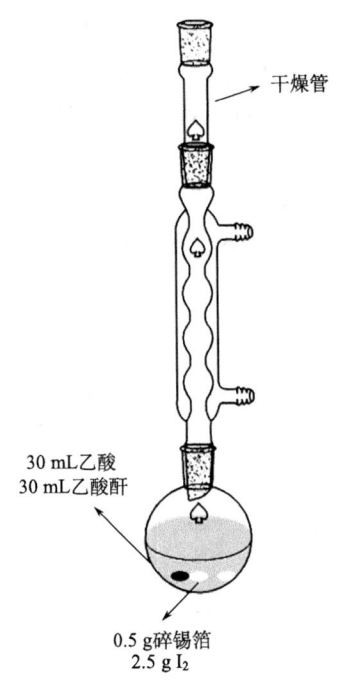

图 1-3　实验装置

将所得晶体转移到圆底烧瓶中,加入 20~30 mL 氯仿,水浴加热回流溶解后,趁热抽滤(保留滤纸上的固体,为何物质?),将滤液倒入蒸发皿中,置于通风橱内,待氯仿全部挥发抽尽后,可得四碘化锡橙红色晶体,称量,计算产率。

2. 四碘化锡熔点的测定

把研细的四碘化锡试样在表面皿上堆成小堆，将熔点管的开口插入试样中，然后把熔点管竖起，在桌上顿几下，使试样落入底部。这样重复取样几次。然后将长约 50 cm 的玻璃管竖起，在管内将熔点管自由落下数次，直至试样紧密堆积为止。试样高度为 2～3 mm。

将提勒管夹在铁架台上，倒入甘油。甘油液面高出测管 0.5 cm 左右，提勒管口配一缺口单孔软木塞，用于固定温度计。装好试样的熔点管用少量甘油粘贴在温度计旁，使熔点管中试样处于温度计水银球的中间。温度计插入提勒管的深度以水银球的中点恰在提勒管的两侧管口连接线的中点为准，如图 1-4 所示。

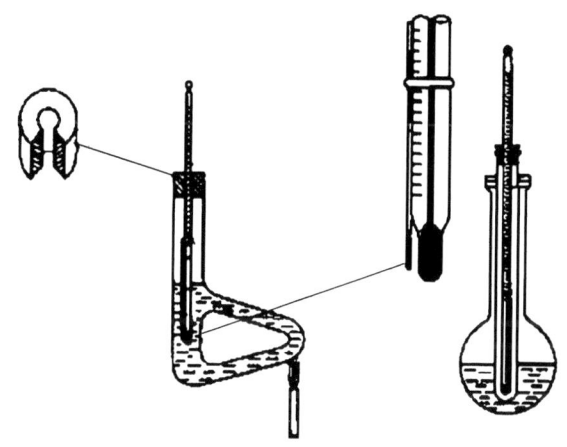

图 1-4　温度计的位置

加热提勒管底部，以 4～5 ℃/min 的速度升温，直至试样熔化，记下温度计读数，得到一个近似熔点。然后冷却甘油浴液，换一根新的熔点管，进行第二次测定。第二次测定时，在近似熔点 20 ℃ 以下可以快速加热，但在接近熔点时用小火以 1 ℃/min 的速度慢速加热，注意观察熔点管内试样的变化，记下试样刚有微细液滴出现时(初熔)和全部变为液体时(全熔)的温度。该温度范围即为试样的实际熔点范围。

3. 产品检验

1) 确定最简式

称取滤纸上剩余锡箔的质量(准确至 0.01 g)，根据 I_2 与 Sn 的消耗量，计算其比值，得出四碘化锡的最简式。

2) 性质实验

(1) 取少量四碘化锡固体于试管中，再向试管中加入少量水，观察现象。写出反应式，其溶液和沉淀留作下面实验用。

(2) 取上述溶液，分盛两支试管中，一支加几滴 $AgNO_3$ 溶液，另一支加 $Pb(NO_3)_2$ 溶液，观察现象，写出反应式。加等量的 KI 饱和溶液，解释观察到的实验现象。

(3) 取实验(1)中沉淀部分，分盛两支试管中，分别滴加稀酸、稀碱，观察现象，写出反应式。

(4) 取少量 SnI_4 溶于 5 mL 丙酮中，分成两份，一份加几滴水，另一份加等量的 KI 饱和溶液，解释观察到的实验现象。

五、思考题

(1) 在合成四碘化锡的操作过程中应注意哪些问题？

(2) 在四碘化锡的合成中，以何种原料过量为好？为什么？

(3) 三碘化铝能否用类似方法制得？为什么？

实验 4 安息香的合成

一、实验目的

学习辅酶催化合成安息香的反应原理及其合成方法。

二、实验原理

本实验采用有生物活性的辅酶维生素 B_1(thiamine)代替剧毒的氰化物完成安息香缩合反应。反应时,维生素 B_1 分子(Ⅰ)中噻唑环上的氮原子和硫原子邻位的氢,在碱的作用下可生成负碳离子(Ⅱ)。

维生素B_1

然后(Ⅱ)与苯甲醛作用生成中间体(Ⅲ),(Ⅲ)可以分离得到。

(Ⅲ)经异构化脱去质子得到中间体烯胺(Ⅳ),(Ⅳ)与另一分子苯甲醛作用就得到缩合中间物(Ⅴ),再进一步得到产物(Ⅵ)。

$$(\text{III}) \rightleftharpoons$$ [结构式 (IV)] $\rightleftharpoons$ [结构式 (V)] $\rightleftharpoons$ [结构式 (VI)]

三、仪器和试剂

仪器：圆底烧瓶，冷凝管，水浴锅，电热套。

试剂：维生素 B_1，蒸馏水，乙醇，NaOH，苯甲醛。

四、实验步骤

(1) 在 100 mL 圆底烧瓶中加入 1.8 g(0.01 mol)维生素 B_1 和 5 mL 蒸馏水，使其溶解，再加入 15 mL 95%乙醇。在冰浴冷却下，自冷凝管顶端边摇边逐滴加入 5 mL 10% NaOH 溶液，调节 pH 为 9~10，约需 5 min。当碱液加入一半时溶液呈淡黄色，随着碱液的加入，溶液的颜色也变深。

(2) 量取 10 mL 苯甲醛，倒入反应混合物中，加入沸石，于 60~76 ℃水浴上加热 90 min(或用塞子把瓶口塞住，于室温放置 48 h 以上)，此时溶液的 pH 为 8~9。反应混合物经冷却后即有白色晶体析出。抽滤，用 100 mL 冷水分几次洗涤，干燥后粗产品约 5 g，熔点 132~134 ℃(产率 60%~70%)。

五、注意事项

(1) 维生素 B_1 受热易变质，将失去催化作用，应放于冰箱内保存，使用时取出，用后及时放回冰箱中。

(2) 苯甲醛极易被空气中的氧气氧化，如发现实验中使用的苯甲醛有固体物苯甲酸存在，则必须重新蒸馏后使用。

六、思考题

(1) 为什么要向维生素 B_1 的溶液中加入氢氧化钠？试用化学反应式说明。

(2) 为什么加入苯甲醛后，反应物的 pH 要保持 9~10？

参 考 文 献

吴世晖, 周景尧, 林子森, 等. 1986. 中级有机化学实验. 北京: 高等教育出版社.

实验 5　安息香衍生物二苯基乙二酮的合成及表征

一、实验目的

学习由安息香氧化合成二苯基乙二酮。

二、实验原理

苯偶酰(benzil，二苯基乙二酮)是重要的有机合成试剂，通常由安息香氧化而得。能使安息香氧化的试剂很多，常用的氧化剂有硝酸、乙酸铜、三氯化铁等。本实验以安息香为原料，利用氧化剂将二苯羟乙酮氧化为二苯基乙二酮，根据所用氧化剂的不同，合成可有多种方法。

方法一：硝酸氧化法。用硝酸氧化法较为简便，但反应中释放出的二氧化氮会对环境产生污染。

$$\text{Ph-CO-CH(OH)-Ph} \xrightarrow[\text{CH}_3\text{COOH}]{\text{HNO}_3} \text{Ph-CO-CO-Ph}$$

方法二：乙酸铜氧化法。安息香可以被温和的氧化剂乙酸铜氧化生成 α-二酮，铜盐本身被还原成亚铜态。实验经改进后使用催化量的乙酸铜，反应中产生的亚铜盐可不断被硝酸铵重新氧化生成铜盐，硝酸本身被还原为亚硝酸铵，后者在反应条件下分解为氮气和水。改进后的方法在不延长反应时间的情况下可明显节约试剂，且不影响产率及产物纯度。

$$\text{Ph-CO-CH(OH)-Ph} \xrightarrow[\text{NH}_4\text{NO}_3]{\text{Cu(OAc)}_2} \text{Ph-CO-CO-Ph}$$

方法三：三氯化铁氧化法。$FeCl_3 \cdot 6H_2O$ 也是安息香氧化的良好氧化剂，不仅避免常用的硝酸氧化法中产生有毒的氮的氧化物，而且产率高、质量好、操作方便、安全。

$$\text{Ph-CO-CH(OH)-Ph} \xrightarrow[\text{CH}_3\text{COOH}]{\text{FeCl}_3} \text{Ph-CO-CO-Ph}$$

本实验采用第二种方法。

三、仪器和试剂

仪器：三颈瓶，冷凝管，温度计，电热套，磁力搅拌器。
试剂：安息香，冰醋酸，硝酸铵，乙酸铜。

四、实验步骤

1. 具体操作方法

在 50 mL 三颈瓶上装有回流冷凝器和温度计，另一颈用标准磨口塞塞紧。加入 4.3 g 粗品安息香、12.5 mL 冰醋酸、2 g 粉状硝酸铵和 2.5 mL 2%乙酸铜溶液，加入几粒沸石，装上回流冷凝管，在石棉网上缓慢加热并搅拌。当反应物溶解后，开始放出氮气，继续回流 1.5 h 使反应完全。将反应物冷却至 50~60 ℃，在搅拌下倾入 20 mL 冰水中，析出二苯基乙二酮晶体。抽滤，用冷水充分洗涤，尽量压干，粗产物干燥后约为 3.5 g。纯二苯基乙二酮为黄色晶体，熔点 95 ℃。本实验约需 6 h。

2. 讨论

产物二苯基乙二酮为黄色结晶固体，原料安息香为白色固体。试从原料与产物的结构特点出发说明这种颜色的变化。

参 考 文 献

霍宁. 1981. 有机合成. 第一集. 南京大学有机室，译. 北京：科学出版社.
吴世晖，周景尧，林子森，等. 1986. 中级有机化学实验. 北京：高等教育出版社.

实验6 2-氨基-1,3,4-噻二唑(敌枯唑)的合成

一、实验目的

学习 1,3,4-噻二唑杂环的合成原理和操作方法。

二、实验原理

$$NH_2NH-\underset{\underset{}{\overset{\overset{S}{\|}}{C}}}{}-NH_2 + HCOOH \longrightarrow NH_2\underset{\underset{}{\overset{\overset{S}{\|}}{C}}}{}NHNHCHO \xrightarrow{HCl}$$

$$\underset{S}{\overset{N-N}{\diagup\diagdown}}NH_2 \cdot HCl \xrightarrow{NaOH} \underset{S}{\overset{N-N}{\diagup\diagdown}}NH_2$$

三、仪器和试剂

仪器：三颈瓶，冷凝管，电热套，橡胶管，玻璃漏斗，烧杯。

试剂：氨基硫脲，甲酸，浓盐酸，40%氢氧化钠溶液。

四、实验步骤

将 5 g(0.055 mol)氨基硫脲加入 100 mL 三颈瓶中，再加入 3.0 mL(3.5 g, 0.077 mol)甲酸和10.8 mL(12.8 g, 0.13 mol)浓盐酸，搅拌回流2 h，温度110～114 ℃，冷却，用40%氢氧化钠溶液中和至 pH 为 8～9，再用冰水浴冷却 15 min，抽滤，洗涤，干燥，得粗产品5.3 g，产率95%，熔点 188～190 ℃，用水重结晶，干燥，熔点190～191 ℃，文献值 191 ℃。

五、注意事项

由于反应温度较高，有酸雾放出，为了减少实验室里的环境污染，反应装置中一定要安装酸的吸收装置。

参 考 文 献

花文廷. 1991. 杂环化学. 北京：北京大学出版社.
黄润秋，王惠林，周嘉. 1997. 有机中间体制备. 北京：化学工业出版社.

实验 7　天然水中盐类总量的测定

一、实验目的

(1) 了解水中盐类总量的测定。
(2) 掌握离子交换柱的制备。
(3) 掌握离子交换和酸碱滴定法。

二、实验原理

离子交换树脂是一类具有离子交换功能的高分子材料。在溶液中，它能将本身的离子与溶液中的相同电荷离子进行交换。按交换基团性质的不同，离子交换树脂可分为阳离子交换树脂和阴离子交换树脂两类。

本实验采用阳离子交换树脂。阳离子交换树脂大多含有磺酸基($—SO_3H$)、羧基($—COOH$)或酚基($—C_6H_4OH$)等酸性基团，其中的氢离子能与溶液中的金属离子或其他阳离子进行交换。由于离子交换作用是可逆的，用过的离子交换树脂在适当浓度的无机酸或碱可进行再生，恢复到原状态而重复使用。阳离子交换树脂可用稀盐酸、稀硫酸等溶液再生。

离子交换树脂的用途很广，如用于硬水软化和制取去离子水、回收工业废水中的金属、分离稀有金属和贵金属、分离和提纯抗生素等。

对工厂废水、土壤抽取物、海水、天然水，人们常需要知道其中含盐的总量。天然水中的盐类总量一般采用电导法测定，本实验通过"离子交换-酸碱滴定法"进行测定。水样通过阳离子交换柱，交换出等物质的量的酸，用标准碱滴定，计算水样中盐类的总量。反应如下：

$$R—H + NaCl \rightleftharpoons R—Na + HCl$$

$$2R—H + Na_2SO_4 \rightleftharpoons 2R—Na + H_2SO_4$$

$$R—H + NaOH \rightleftharpoons R—Na + H_2O$$

$$2R—H + Na_2CO_3 \rightleftharpoons 2R—Na + CO_2\uparrow + H_2O$$

$$2R—H + Ca(HCO_3)_2 \rightleftharpoons R_2—Ca + 2CO_2\uparrow + 2H_2O$$

式中，R—H 代表氢型阳离子交换树脂。

利用类似的原理，也可以测定某些无机盐类(如 $NaCl$、KNO_3)和某些有机酸盐类的含量。

本实验采用管柱法，收集某段一定体积的流出液进行测定。也可以使用分批法进行交换，使水样和树脂共同搅拌一定时间后，用过滤法分离树脂，然后滴定滤液（包括洗液）的酸。管柱法适用于较大量的水样。管柱法测定时天然水通过柱后，流出液中氢离子浓度变化如图1-5所示。

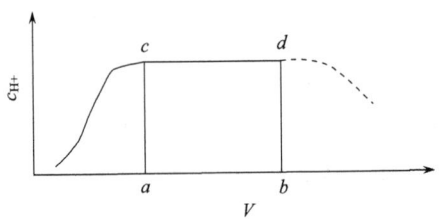

图1-5 天然水流过柱后氢离子浓度变化曲线

开始时流出液为树脂中介质水的 c_{H^+} 值，随着天然水的不断流入，收集液中氢离子浓度逐渐增大，直到 c_{H^+} 为一定值。当氢型树脂中的 H^+ 全部交换后，以蒸馏水淋洗直至交换剂不呈酸性为止，用标准碱滴定。

三、仪器和试剂

仪器：离子交换柱。

试剂：强酸性阳离子交换树脂，2 mol/L 盐酸，0.025 mol/L NaOH 溶液，酚酞指示剂，0.2%乙醇溶液。

四、实验步骤

1. 树脂的预处理

树脂为钠型（R-Na 型），在使用前需要先将树脂用酸处理，使它转变为 H 型。

$$R—Na + H^+ \rightleftharpoons R—H + Na^+$$

将约 20 g 苯乙烯型强酸性阳离子交换树脂置于烧杯中，加入约 150 mL 2 mol/L 盐酸溶液，搅拌、浸泡 1~2 天，倾出上层盐酸溶液，再用 2 mol/L 盐酸溶液继续浸泡 1~2 天，不断搅拌，再倾出上层的盐酸溶液，用蒸馏水漂洗树脂数次，浸泡在蒸馏水中备用。

2. 交换柱的制备

将处理过的 H 型阳离子交换树脂装入离子交换柱中。先将交换柱装满蒸馏水，检查流速，将蒸馏水调至半满，用滴管将带水的树脂装入交换柱中。注意勿使空气进入树脂床，使树脂始终保持在水中。当水过多时，可以开启活塞调整液面，树脂高度为 22~25 cm。用蒸馏水淋洗树脂，直至流出液为中性（用 pH 试纸检验）。

3. NaOH 标准溶液的配制与标定

粗配 0.025 mol/L NaOH 溶液并用邻苯二甲酸氢钾基准物进行标定,求出 NaOH 标准溶液的浓度,并计算标定相对平均值偏差(详细标定方法参考分析化学实验部分)。

4. 水样的测定

取 200 mL 水样(如自来水),通过交换柱,流速为 8~10 mL/min,舍去开始流出的 50 mL 液体,收集流出液 100 mL(收集于 100 mL 烧杯中),准确移取 50.00 mL 该流出液置于 250 mL 锥形瓶中,加入 2 滴酚酞指示剂,以 NaOH 标准溶液滴定至微红色 0.5 min 不消失为止,所消耗的 NaOH 标准溶液体积为 V_1(mL)。

继续上样,收集流出液约 60 mL,准确移取 50.00 mL 按照上述方法滴定,记录消耗的 NaOH 标准溶液体积 V_2(mL)。重复滴定第三份,记录消耗 NaOH 标准溶液的体积 V_3(mL)。

另取水样 50 mL,加入 2 滴酚酞指示剂,直接用 NaOH 标准溶液滴定至微红色 0.5 min 不消失为止,所消耗的 NaOH 标准溶液体积为 V_0(mL),按下式求出盐的总量:

$$盐的总量 = \frac{c_{NaOH}(V_n - V_0)}{50.00}$$

5. 树脂的再生

用 2 mol/L 盐酸通过交换柱,流速为 0.1~0.2 mL/min,或将树脂转移至烧杯中用 2 mol/L 盐酸浸泡,处理数次后,用蒸馏水洗至中性,备用。

五、思考题

(1) 测定树脂流出液中氢离子浓度变化时,为什么要弃去最初部分的流出液?
(2) 装交换柱时应注意哪些操作?

参 考 文 献

董守安. 1990. 贵金属分析. 分析试验室, 9: 170-189.
王应玮, 梁树权. 1991. 分析化学中的分离方法. 北京: 科学出版社.

实验 8 离子交换法分离镍和钴及其含量的测定

一、实验目的

(1) 了解离子交换分离法的原理。
(2) 掌握离子交换柱的使用。
(3) 掌握标准曲线的绘制。

二、实验原理

利用离子交换剂与溶液中的离子发生交换反应进行分离的方法称为离子交换分离法。该法分离效率高,既能用于带相同电荷离子间的分离,也能用于带相反电荷离子间的分离。离子交换分离法使用的设备简单,操作也不复杂,树脂又具有再生能力,可以反复使用,因此是一种应用广泛且重要的分离富集方法。

1. 离子交换法分离镍与钴

许多金属离子如 Co^{2+}、Cu^{2+}、Zn^{2+}、Fe^{3+} 等在浓盐酸中形成配阴离子,如 Co^{2+} 和浓 HCl 形成深蓝色 $[CoCl_4]^{2-}$,反应式如下:

$$Co^{2+} + 4Cl^- =\!=\!= [CoCl_4]^{2-}$$

而 Ni^{2+} 和浓 HCl 不生成配阴离子。

氯型强碱性阴离子交换树脂[简写 R—N(CH$_3$)$_3$Cl],其中的 Cl^- 可被其他阴离子交换,故将含有镍和钴的浓 HCl 溶液通过该树脂后,$[CoCl_4]^{2-}$ 和 Cl^- 进行交换留在树脂上。

$$2R—N(CH_3)_3Cl + [CoCl_4]^{2-} =\!=\!= [R—N(CH_3)_3]_2CoCl_4 + 2Cl^-$$

而 Ni^{2+} 不发生交换反应,可利用离子交换法分离镍和钴。

用浓度低于 1 mol/L 的盐酸洗涤树脂,可以将 Co^{2+} 洗脱下来与亚硝基-R 盐反应生成红色配合物,采用光度法测定含量。

2. Ni^{2+} 的测定

在有氧化剂 Br_2[或 $(NH_4)_2S_2O_8$] 存在的碱性溶液中,Ni^{2+} 与丁二酮肟生成红色配合物,其结构如图 1-6 所示。

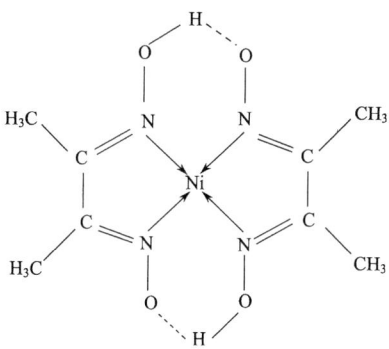

图 1-6 Ni^{2+} 与丁二酮肟生成红色配合物

镍与丁二酮肟配合物的吸光度选择在 470 nm 处测定,其测定范围为 0.0012～0.01 mg/mL。

3. Co^{2+} 的测定

在 pH=5.5 的乙酸盐缓冲液中, Co^{2+} 与亚硝基-R 盐生成红色配合物,反应式如下:

由于空气中的氧和试剂的氧化作用,钴以三价的形式存在,钴:亚硝基-R 盐的配位比为 1:3。

在实际分析中选择波长为 520 nm,并以亚硝基-R 盐试剂溶液为空白溶液(因为该试剂本身呈黄色,过量试剂颜色有影响)。钴含量从小到大,溶液的颜色由橙黄色到橙红色。加热可加速反应,在 100 ℃煮沸 2 min,显色反应即完全,其颜色在 24 h 内稳定。

亚硝基-R 盐与镍生成黄色配合物,与低价铁生成绿色配合物,这些配合物与稀硝酸煮沸后被破坏,而钴的配合物比较稳定,但煮沸时间不能超过 2 min,否则同样会被破坏。钴的测定范围为 $2.0×10^{-5}$～$8.0×10^{-4}$ mg/mL。

三、仪器和试剂

仪器:紫外-可见分光光度计,玻璃交换柱,移液管,容量瓶,表面皿,滴管。

试剂:9 mol/L、1 mol/L、4 mol/L HCl(处理树脂用),1:2 HNO_3,2:1 氨水,

50% NaAc 溶液，饱和溴水，1%丁二酮肟的乙醇溶液(用 95%的乙醇溶解)，0.2% 亚硝基-R 盐，Ni^{2+} 与 Co^{2+} 的试剂。

0.1000 mg/mL Ni 标准溶液：精确称取 0.0405 g 未经风化的 $NiCl_2·6H_2O$ 于烧杯中，用 0.1 mol/L 盐酸溶解后转移至 100 mL 容量瓶中，用 0.1 mol/L 盐酸稀释至刻度。

0.1000 mg/mL Co 标准溶液：精确称取 0.0404 g $CoCl_2·6H_2O$ 于烧杯中，用 0.1 mol/L 盐酸溶解后转移至 100 mL 容量瓶中，用 0.1 mol/L 盐酸稀释至刻度。

四、实验步骤

1. 树脂的处理

强碱性阴离子交换树脂在使用前用 4 mol/L HCl 浸泡 1～2 天，溶解其中的各种杂质，倾去盐酸溶液，用蒸馏水洗涤至洗涤液为中性(用 pH 试纸检验)。将洗净的树脂浸泡于蒸馏水中备用，经过以上处理得到的是氯型强碱性阴离子交换树脂。

2. 离子交换柱的准备

离子交换是在玻璃交换柱中进行的。在直径为 0.8～1.0 cm 的交换柱内先加入 1/3 柱高的蒸馏水(下端无隔板的要平铺一层玻璃棉)。将洗净并溶胀的树脂和蒸馏水一起倒入柱中，开启活塞开关，使树脂下沉至树脂高度约为 10 cm，再在上面铺一层玻璃棉，调节活塞使流速约为 1 cm/min，待水面下降到接近树脂上端时，用 9 mol/L HCl 处理 4 次，每次 2 mL。

注意：在整个实验过程中，树脂始终浸泡在溶液中，勿使溶液流干，否则气泡浸入树脂层，影响离子交换的进行。

3. $[CoCl_4]^{2-}$ 与 Ni^{2+} 的分离

用移液管移取 5.00 mL 用 9 mol/L HCl 处理过的 Ni^{2+} 和 Co^{2+} 待测液，置于交换柱内树脂层的顶部，在柱的下端放一个清洁的 100 mL 容量瓶收集流出的 Ni^{2+} 溶液。在交换柱上端有一部分树脂被试液中的 $[CoCl_4]^{2-}$ 交换，可以看到蓝色的 $[CoCl_4]^{2-}$ 谱带，每次用 2 mL 9 mol/L HCl 淋洗交换柱内的 Ni^{2+}，共洗 8 次。当最后一次洗涤后，收集一滴洗涤液在表面皿上，滴加一滴氨水和丁二酮肟，观察是否有红色配合物产生，检查 Ni^{2+} 是否已经洗脱完全，将分离出的 Ni^{2+} 溶液用水稀释至刻度，摇匀待测。

4. Co^{2+} 的洗脱

在交换柱下端换一个清洁的 100 mL 容量瓶收集 Co^{2+}，每次用 2 mL 1 mol/L

HCl 洗脱，洗涤 8 次。已交换的[$CoCl_4$]$^{2-}$用 1 mol/L HCl 溶液洗脱，随着洗脱蓝色的[$CoCl_4$]$^{2-}$谱带很快沿柱下移，颜色从蓝色变为淡红色。洗涤结束时，收集一滴洗涤液在表面皿上，加一滴乙酸钠和一滴亚硝基-R 盐，观察是否有红色配合物生成，检验 Co^{2+} 是否已经洗脱完全。将洗脱的 Co^{2+} 溶液用蒸馏水稀释至刻度，摇匀待测。

5. Ni^{2+} 含量的测定

Ni^{2+}标准曲线的绘制：取 6 个 50 mL 容量瓶，分别加入 0.1000 mg/mL Ni^{2+}标准溶液 0.00 mL、0.20 mL、0.40 mL、0.60 mL、0.80 mL、1.00 mL，再加入 1.00 mL 溴水，混匀，放置 5 min，加入 2∶1 氨水至过量的溴褪色，剧烈振荡后，加入过量 5.00 mL 2∶1 氨水、5.00 mL 1%丁二酮肟溶液，待反应 5 min 后稀释至刻度，摇匀。以空白溶液为参比溶液，在 470 nm 波长下用 1 cm 比色皿测定溶液的吸光度，由于显色 30 min 后颜色变浅，因此应在 30 min 内测定完毕。

以 Ni^{2+} 的含量为横坐标，吸光度为纵坐标，绘制标准曲线。

试液中 Ni^{2+} 含量的测定：移取分离后的 Ni^{2+}待测液 10.00 mL 于 50 mL 容量瓶中，依上述方法显色，并测定其吸光度。

6. Co^{2+} 含量的测定

Co^{2+}标准曲线的绘制：取 6 个 50 mL 容量瓶，分别加入 0.1000 mg/mL Co^{2+}标准溶液 0.00 mL、0.10 mL、0.30 mL、0.50 mL、0.70 mL、0.90 mL，加入 5.00 mL 50% NaAc 溶液和 5.00 mL 0.2%亚硝基-R 盐，定容至刻度，摇匀，以空白溶液为参比溶液，在 520 nm 波长下用 1 cm 比色皿测定溶液的吸光度。

以 Co^{2+}的含量为横坐标，吸光度为纵坐标，绘制标准曲线。

试液中 Co^{2+} 含量的测定：移取分离后的 Co^{2+}待测液 10.00 mL 于烧杯中，依上述方法显色，测定吸光度。

五、数据处理

由所测试液的吸光度计算 Ni^{2+} 和 Co^{2+} 的含量(mg/mL)。

$$W_{Ni^{2+}}(W_{Co^{2+}}) = \frac{V_x \times c \times 100}{1 \times 10}$$

六、思考题

(1) 在整个实验过程中，为什么树脂始终要浸泡在溶液中？
(2) 绘制 Ni^{2+} 标准曲线时，为什么要在 30 min 内测定完毕？

参 考 文 献

刘文华, 王长庆, 曹相九. 1994. 稀土元素分析. 分析试验室, 13: 77-87.

实验 9　测定溶剂萃取锌的萃取分配比

一、实验目的

(1) 了解溶剂萃取的原理。
(2) 了解几种常见的萃取剂。
(3) 掌握萃取分配比的求法。

二、实验原理

溶剂萃取是一种利用物质在互不相溶两相中的不同分配特性进行分离的方法。通常是利用与水不混溶的有机溶剂，借助萃取剂的作用，使一种或几种组分进入有机相，而另一些组分仍留在水相中，从而达到分离和富集的目的。

溶剂萃取是一种常用的分离和富集方法。该法具有选择性好、回收率高、设备简单、操作简便、快速和易于实现自动控制等特点。溶剂萃取分离方法已广泛用于分析化学、无机化学、放射化学、湿法冶金以及化工设备等领域。随着科研和生产的发展，还将不断地扩大应用领域。

在一定条件下，一种金属离子可被有机溶剂定量萃取到有机相中，而其他所有离子则留在水相中，萃取分配比 D_0 可用下式表示：

$$D_0 = \frac{溶质在有机相的总浓度}{溶质在水相的总浓度}$$

本实验内容是测定锌(Ⅱ)从盐酸溶液中萃取到苯-磷酸三丁酯(TBP)溶液中的分配比 D_0。

在 4～10 mol/L HCl 中，锌(Ⅱ)的主要存在形式是三氯化锌(Ⅱ)和四氯化锌(Ⅱ)，D_0 可在 4～10 mol/L HCl 浓度范围内测定。

$$[ZnCl_4]^{2-} + 2H^+ + 2TBP \rightleftharpoons H_2(TBP)_2ZnCl_4$$
　　　（水相）　　　　（有机相）

苯-磷酸三丁酯干扰 EDTA 滴定 Zn^{2+}，为此要将锌(Ⅱ)从有机相中返萃取到水相。

三、仪器和试剂

仪器：分液漏斗，移液管，滴定管。

试剂：4.0 mol/L、6.0 mol/L、8.0 mol/L、10.0 mol/L HCl 溶液(用 12 mol/L HCl 配制)，50%磷酸三丁酯苯溶液(TBP)，0.010 00 mol/L EDTA 溶液，0.5000 mol/L $ZnCl_2$ 标准溶液，20%六亚甲基四胺，0.2%二甲酚橙指示剂。

四、实验步骤

(1) 分别移取 30 mL 4.0 mol/L HCl 和 30 mL 50% TBP，注入分液漏斗，塞紧漏斗塞，强力振荡几分钟，放置分层，放出水相弃去(此目的是用 HCl 饱和 TBP，防止在萃取过程中改变体积)。

(2) 用移液管量取 2.00 mL 0.5000 mol/L $ZnCl_2$ 溶液，用量筒量取约 25 mL 用 HCl 饱和过的萃取剂，注入分液漏斗，塞紧漏斗塞，强力振荡 1 min，放置分层，待液层澄清后，小心地放出下部水相弃去。

(3) 向 TBP 有机相中加入 20 mL 蒸馏水，从 TBP 层反萃取锌(Ⅱ)。小心地将水相放入 100 mL 容量瓶中，再用两份 20 mL 蒸馏水返萃取两次。每次都把水相放入同一容量瓶中，最后用蒸馏水稀释至刻度，此容量瓶编为 1 号。

(4) 分别用 6.0 mol/L、8.0 mol/L、10.0 mol/L HCl 重复上述萃取过程(1)~(3)，容量瓶分别编为 2 号、3 号、4 号。

(5) 分别从容量瓶中移取 25.00 mL 返萃取液，加入 2 滴 0.2%二甲酚橙指示剂，滴加 20%六亚甲基四胺至溶液呈现稳定的紫红色，再加 5 mL 20%六亚甲基四胺溶液，用 0.010 00 mol/L EDTA 标准溶液滴定，当溶液颜色由紫色恰好变为黄色即为终点，每样平行滴定三次。

(6) 计算有机相中锌(Ⅱ)的物质的量及萃取分配比 D_0，并在坐标纸上绘制 D-c_{HCl} 曲线。

五、思考题

(1) 为什么要在实验前先将 HCl 溶液与 TBP 溶液振荡混合？
(2) 用 EDTA 滴定 Zn^{2+} 时为什么还要返滴定？

参 考 文 献

Katsuta S, Suzuki N. 1992. Enhancement effect of 3, 5-dichlorophenol on the solvent extraction of copper(Ⅱ) and zinc(Ⅱ) with acetylacetone and trifluoroacetylacetone. Talanta, 39: 849-855.

Katsuta S, Suzuki N. 1993. Selectively improvement in the solvent extraction of iron(Ⅱ) and copper(Ⅱ) with 8-quinolinol by the addition of halophenols. Analytical Letters, 26:947-957.

第二篇 研究型综合实验

实验 10　金纳米粒子的制备、表面修饰及表征

第一部分　金纳米粒子的制备及其光谱特征

一、实验目的

(1) 掌握水溶性金纳米粒子的制备方法。
(2) 了解金纳米粒子的光谱特征。

二、背景知识

纳米材料是指尺寸介于原子、分子与宏观物质之间，通常泛指 1~100 nm 的微粒材料。从广义上说，纳米材料是指三维空间中至少有一维处于纳米尺度范围或由它们作为基本单元构成的材料。如果按维度划分，纳米材料的基本结构单元可以分为三类：①零维：指在空间三维尺度均在纳米尺度范围，如球形纳米粒子和原子团簇等；②一维：指在空间有两维处在纳米尺度范围，如纳米线和纳米棒等；③二维：指在三维空间中仅有一维在纳米尺度范围，如纳米薄膜、多层膜等。由于纳米材料是介于微观与宏观之间的介观体系，因此纳米材料具有宏观体系不具有的许多特殊性质，如表面效应、量子尺寸效应、小尺寸效应和量子隧道效应等。这就使得纳米材料在光、电、磁等方面呈现出常规材料不具备的特性，因此纳米材料在许多科学领域引起了广泛的重视和研究。

纳米尺寸金属内部自由电子按其固有频率作协同振荡，当电子振动频率与某一特定波长光的频率一致，就会产生共振，从而形成金属纳米粒子的表面等离子共振(surface plasmon resonance，SPR)，在紫外-可见光谱上显示强吸收峰。SPR 峰的位置主要与金属纳米粒子的大小、形状、表面电荷及其周围介质(分散介质的介电常数)等因素有关，如球形金纳米粒子仅在 520 nm 附近出现一个吸收峰，而棒状金纳米粒子则在 520 nm 附近和更长波长处出现两个吸收峰。

与其他金属纳米材料相比，金纳米粒子除具有 SPR 性质外，还具有密度高、化学惰性、易于表面修饰、良好的生物相容性等特性，因此在生物标记、生化检测分析、催化、传感器等领域受到人们的高度重视。

金纳米粒子的制备方法分为物理法和化学法。制备金纳米粒子通常使用氧化还原法(化学法)，所以要选择金的化合物与合适的还原剂，将二者充分混合后，控制反应速率以及反应进行的环境，经过成核与成长的步骤，得到金纳米粒子。金的化合物主要为四氯金酸盐和四氯金酸，还原剂则有多种选择，如柠檬酸钠、硼氢化钠($NaBH_4$)、有机胺(如十六烷基苯胺、聚乙二胺、聚苯胺、羟胺等)、草酸钠($Na_2C_2O_4$)、多元醇等。在形成金纳米粒子时控制粒子的生长，使其维持纳

米尺度，为避免凝聚，通常需要加入保护剂，以控制粒径，常用的保护剂包括含巯基的化合物(如 3-巯基丙酸钠、烷基硫醇等)、聚乙烯吡咯烷酮(polyvinylpyrrolidone，PVP)、柠檬酸钠、蛋白质等。保护剂分子中某些官能团，如—NH_2 和—SH 等，可与金属键合，吸附在粒子的表面，抑制粒子生长，起到稳定剂的作用。

三、实验原理

本实验采用柠檬酸钠($Na_3C_6H_5O_7$)为还原剂还原四氯金酸的方法制备金纳米粒子。在加热沸腾条件下，柠檬酸钠可以将四氯金酸还原，本身被氧化为酮戊二酸(ketoglutaric acid)，反应式如下：

$$2HAuCl_4 + 3C_6H_8O_7 = 2Au + 3C_5H_6O_5 + 8HCl + 3CO_2$$
$$\text{酮戊二酸}$$

粒子粒径由反应物的浓度和加热老化(或熟化)时间控制，还原剂浓度越小，加热老化时间越长，金纳米粒子直径越大；但不经加热老化，粒子的粒径分布不均匀。本实验制备两种尺寸的金纳米粒子，比较其 SPR 峰与尺寸的关系。

四、仪器和试剂

仪器：250 mL 三颈瓶(19#)，直管冷凝管(19#)，500 mL 磁力搅拌加热套，1 mL、5 mL、10 mL、50 mL 移液管。

试剂：1% $HAuCl_4$ 溶液，1%柠檬酸钠溶液，3 mol/L KCl 溶液，10 mmol/L 盐酸羟胺水溶液。

五、实验步骤

(1) 15 nm 金纳米粒子的制备：取 1% $HAuCl_4$ 溶液 1 mL，加入 99 mL 蒸馏水，加热沸腾，迅速向其中加入 1%柠檬酸钠溶液 5 mL，剧烈搅拌，溶液颜色由无色逐渐变为红色。继续加热 15 min 后停止加热，并继续搅拌至室温，得到(15±2) nm 金纳米粒子。

(2) 65 nm 金纳米粒子的制备：除加入的 1%柠檬酸钠溶液为 0.7 mL 以外，其他操作步骤与(1)相同。

(3) 测定所制金纳米粒子的紫外光谱。

(4) 取制备的 15 nm 金溶胶 10 mL，加入 3 mol/L KCl 溶液少许，观察颜色变化。用 65 nm 金溶胶代替 15 nm 金溶胶，重复上述实验，观察颜色变化。

(5) 取制备的 15 nm 金溶胶 5 mL，加入 1% $HAuCl_4$ 溶液 0.5 mL，充分混合后，加入 10 mmol/L 盐酸羟胺水溶液 1 mL 并充分混合，观察颜色变化，并测定紫外-

可见光谱。用 65 nm 金溶胶代替 15 nm 金溶胶，重复上述实验，观察颜色变化，并测定紫外-可见光谱。

六、数据处理

(1) 通过测定的紫外-可见光谱，确定两种尺寸的金纳米粒子对应的吸收峰位置，初步总结尺寸与最大吸收峰位置的关系。

(2) 定性说明 KCl 溶液加入金溶胶所观察到的变化。

(3) 通过测定的紫外-可见光谱，确定两种尺寸的金纳米粒子经过 $HAuCl_4$ 和盐酸羟胺处理后对应的吸收峰位置，定性解释观察到的现象 (原理参见 Brown and Natan, 1998)，并说明颜色变化与加入 KCl 引发的颜色变化有什么不同。

七、注意事项

(1) 各物质的用量要准确。
(2) 搅拌要充分。
(3) 实验仪器要清洁。

八、思考题

(1) 制备金纳米粒子的影响因素有哪些？
(2) 从原理上说明如何制备小于 3 nm 的稳定的金纳米粒子。
(3) 简要说出金纳米粒子在检测方面的 2 种应用 (参见 Rosi and Mirkin, 2005; Wilson, 2008)。

参 考 文 献

Brown K R, Natan M J. 1998. Hydroxylamine seeding of colloidal Au nanoparticles in solution and on surfaces. Langmuir, 14: 726-728.

Burda C, Chen X B, Narayanan R, et al. 2005. Chemistry and properties of nanocrystals of different shapes. Chemical Reviews, 105: 1025-1102.

Grzelczak M, Pérez-Juste J, Mulvaney P, et al. 2008. Shape control in gold nanoparticle synthesis. Chemical Society Reviews, 37: 1783-1791.

Handley D A. 1989. Methods for synthesis of colloidal gold. In Hayat M A. Colloidal Gold: Principles, Methods and Applications. San Diego: Academic Press: 13-32.

Rosi N L, Mirkin C A. 2005. Nanostructures in biodiagnostics. Chemical Reviews, 105: 1547-1562.

Wilson R. 2008. The use of gold nanoparticles in diagnostics and detection. Chemical Society Reviews, 37: 2028-2045.

第二部分　金纳米粒子的表面修饰及表征

一、实验目的

(1) 理解描述纳米材料物化性能的几个重要概念：稳定性、ζ 电位和粒径。
(2) 理解和掌握测定金纳米粒子 ζ 电位和粒径的原理和方法。
(3) 理解金纳米粒子的稳定性与静电排斥(ζ 电位)之间的关系。
(4) 理解影响金纳米粒子 ζ 电位的因素：表面修饰(包被)、电解质等。
(5) 掌握纳米材料的表面修饰(包被)及分离纯化方法。

二、实验原理

纳米材料的稳定性是指纳米材料在盐浓度、温度或溶液 pH 等因素改变时保持稳定不发生聚集的能力，是纳米材料最重要的物化性能之一。粒子间排斥力或吸引力的大小是影响纳米材料稳定性的重要因素。在实际应用中，通常需要对纳米材料进行包被处理，而不同的包被处理直接改变粒子间的相互作用，从而极大地影响纳米材料的稳定性。本实验用牛血清白蛋白(BSA)对第一部分实验中制备的 15 nm 的金纳米粒子进行包被，并对包被前后金纳米粒子的 ζ 电位及粒径大小进行表征，测定不同 pH 溶液中 BSA 包被的金纳米粒子的 ζ 电位，分析影响纳米材料稳定性的因素。

1. ζ 电位及其测量

大多数液体含有离子：阴离子和阳离子。当带电纳米粒子悬浮于液体中时，相反电荷的离子会被吸引到悬浮纳米粒子表面，即带负电样品从液体中吸引阳离子；相反，带正电样品从液体中吸引阴离子。如图 2-1 所示，以带负电的纳米粒子为例，阳离子接近带负电的纳米粒子表面，被牢固地吸附，而较远的则松散结合，形成扩散层。在扩散层内，有一个概念性边界；当纳米粒子在液体中运动时，在此边界内的阳离子将与纳米粒子一起运动；但此边界外的阳离子将停留在原处，这个边界称为滑动平面(slipping plane)。在纳米粒子表面和分散溶液本体之间存在电位，此电位随纳米粒子表面的距离而变化，在滑动平面上的电位称为 ζ 电位。

ζ 电位又称动电电位，是表征纳米材料胶体分散系稳定性的重要指标。电位是对粒子之间相互排斥或吸引力的强度的度量。通常 ζ 电位(正或负)的绝对值越大，纳米材料胶体体系越稳定(表 2-1)。但需要指出的是，表 2-1 列出的是经验数值，并不适用于所有的胶体分散体系。ζ 电位的测量使我们能够详细了解分散机理，它对静电分散控制至关重要。对于酿造、陶瓷、制药、药品、矿物处理和水处理等行业，ζ 电位是极其重要的参数。

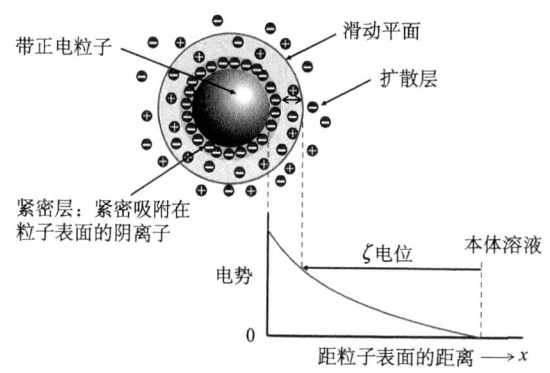

图 2-1　ζ电位的示意图

表 2-1　ζ电位与胶体稳定性的关系

ζ电位/mV	胶体的稳定性
0～±10	立即聚集
±10～±30	逐渐不稳定
±30～±40	中等稳定
±40～±60	稳定性较好
>±60	非常好的稳定性

ζ电位的数值受很多因素的影响。只要能够影响粒子带电状况或粒径的因素，都会影响ζ电位的数值。本实验主要探索表面包被处理和分散溶液 pH 对ζ电位的影响。

目前测量ζ电位的方法主要有电泳法、电渗法、流动电位法和超声波法，其中以电泳法应用最广。本实验使用 Zetasizer Nano ZS90 电位和粒径测量仪，应用激光多普勒测速法(有时称为激光多普勒电泳法)测量ζ电位。这种方法测量在外加电场中，粒子在静止液体中的运动速度。然后根据粒子的电泳速度和所施加的电场强度，通过另外两个已知的样品参数——黏度(viscosity)和介电常数(dielectric constant)计算ζ电位。该计算过程由随机安装的软件自动完成。

2. 粒径的测定

Zetasizer 仪器系统使用动态光散射(DLS)技术测量样品中粒子的布朗运动，然后用已建立的理论拟合实验原始数据，从而得到粒子的粒径和分布。DLS 技术的原理如图 2-2 所示，液体中粒子由于受到周围溶剂分子的撞击做随机热运动(布朗运动)，它们的运动速度被用于测量粒径。小粒子在液体中运动速度较快，而大粒子运动相对缓慢。这种运动一直都在进行，如果取一小段时间间隔(如 100 μs)，拍摄样品运动"图像",可以看出粒子移动了多少,并且换算出粒子的大小。相同时间内,如果位移较小,粒子位置接近,则样品中粒子较大;同样,如果位移较大,粒子位置变化很大,则样品中粒子较小。运用扩散速度与粒径之间的关系,可以测定粒子的大小。

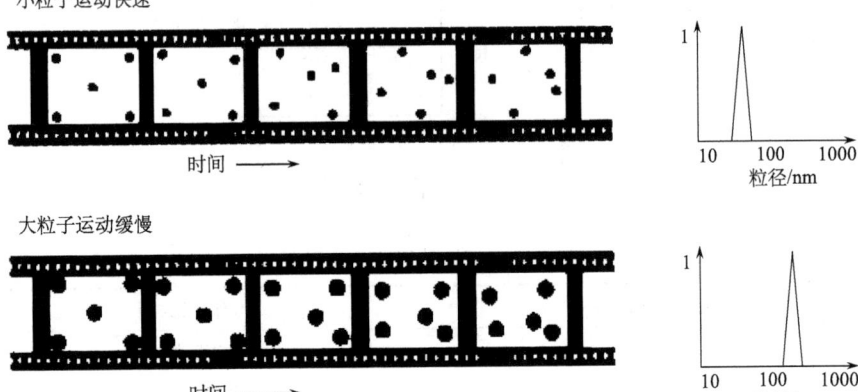

图 2-2 动态光散射技术测量样品中粒子粒径的原理

三、仪器和试剂

仪器:Zetasizer Nano ZS90 电位和粒径测量仪,移液枪,移液枪枪头,电磁搅拌器,小磁子,25 mL 小烧杯,1.5 mL 离心管,离心机,冰箱。

试剂:牛血清白蛋白(BSA),不同 pH(3.7、5.7、6.9、9.7)的磷酸盐缓冲溶液(PBS)。

四、实验步骤

(1) 量取"第一部分"实验中制备的直径为 65 nm 的纳米金胶体 10 mL,用孔径 0.22 μm 的醋酸纤维过滤器进行过滤,收集在玻璃瓶中。量取"第一部分"实验中制备的直径为 15 nm 的纳米金胶体各 20 mL,用孔径 0.22 μm 的醋酸纤维过滤器进行过滤,分别装在两个玻璃瓶中,每瓶 10 mL。

(2) 将 15 nm 金纳米粒子进行 BSA 包被:向 10 mL 纳米金(c=10 nmol/L)加入 20 μL 0.1 g/mL BSA(BSA 的相对分子质量为 66 382)的 PBS 溶液(pH=6.9),搅拌 10 min,取 4 个 1.5 mL 离心管,分别移取 1 mL 溶液,在 11 000 r/min 转速下离心 15 min,在离心管底部得到一红色小块,移去上清液后将红色小块分别悬浮在 1 mL 不同 pH 的 PBS 溶液中。

(3) 测定"第一部分"实验中制备的 15 nm 和 65 nm 金纳米粒子的粒径和 ζ 电位。直接测定原浓度的胶体。

(4) 测定在不同 pH 磷酸盐缓冲溶液(PBS)中 BSA 包被金纳米粒子的粒径和 ζ 电位。

五、数据处理

(1) 测定金纳米粒子(15 nm 和 65 nm)的粒径和 ζ 电位,并分析讨论实验结果。PDI(polydispersity index)为分散指数。

粒径(d)/nm	PDI	ζ 电位/mV

(2) 测定 BSA 包被金纳米粒子(15 nm)在不同 pH 磷酸盐缓冲溶液中的粒径和 ζ 电位,绘制 ζ 电位-pH 曲线,由曲线确定 BSA 的等电点(理论值 4.6),并分析讨论实验结果。

pH	粒径(d)/nm	PDI	ζ 电位/mV

六、注意事项

(1) 操作仪器要按照操作程序。
(2) 比色皿要清洁,避免手指接触测量面。

七、思考题

(1) 还原剂的用量对粒子的尺寸有什么影响?
(2) 如果仪器不洁净,对粒子的制备有什么影响?
(3) 搅拌不充分对实验有何影响?
(4) 本实验测得的粒径是 15 nm 或 65 nm 吗?为什么?
(5) pH 对 ζ 电位的数值有什么影响?
(6) BSA 包被对 ζ 电位的数值有什么影响?

参 考 文 献

Brewer S T, Glomm W R, Johnson M C, et al. 2005. Probing BSA binding to citrate-coated gold nanoparticles and surfaces. Langmuir, 21: 9303-9307.

Tantra R, Schulze P, Quincey P. 2010. Effect of nanoparticle concentration on Zeta-potential measurement results and reproducibility. Particuology, 8: 279-285.

(马占芳　娄新徽　袁　菁)

实验 11　多孔金属-有机骨架化合物的制备和性质表征

第一部分　金属-有机骨架化合物的制备

一、实验目的

(1) 了解金属-有机骨架化合物材料的发展历史和应用领域。
(2) 掌握 UiO-66 系列材料的制备方法。

二、背景知识

金属-有机骨架化合物(metal-organic frameworks, MOFs)是指金属离子与有机配体通过配位作用组装形成的具有周期性网络结构的晶体材料。MOFs 作为无机材料科学和配位化学两个领域交叉产生的一种新材料，具有与分子筛相近的多孔结构；并且通过对有机配体进行剪裁及设计，可以获得不同孔道尺寸的结构，用于各种气体分子(如氢气、二氧化碳、甲烷等)的储存与分离。同时，它们还可能具有独特的光、电、磁等性质，在催化化学方面也有大量报道。作为多学科领域交叉的产物，MOFs 的设计合成、结构及性能研究是近年来非常活跃的研究领域之一，并将在更加广泛的领域具有十分重要的应用价值。

在过去的 20 年里，MOFs 以惊人的速度发展，人们已经合成出大量的 MOFs。构筑 MOFs 的配体从最初以氮配位的配体拓展到目前以羧酸、磷酸、磺酸配位的配体甚至混合配体，而金属离子也已经从常见的二价过渡金属离子拓展到高价态过渡金属离子、稀土元素、碱金属及碱土金属离子。

近几年，MOFs 的研究重心逐渐由单纯的结构合成转向结构的设计、定向合成以及性质的研究。到目前为止，世界范围内的许多科学家及其研究小组对 MOFs 的发展作出了巨大的贡献，如美国的 Yaghi、Zhou、Lin、Zaworotko，法国的 Férey，日本的 Kitagawa，韩国的 Kim 等，他们分别从不同角度、在不同体系下开展了对 MOFs 的研究工作。在国内，许多科研单位和研究团体也开展了该领域的研究工作并取得了丰硕的成果，其中以中山大学陈小明教授课题组的研究最为深入。

1. **金属-有机骨架化合物的直接构筑**

由于 Yaghi 小组的研究最具开创性及代表性，其合成的 MOFs 系列几乎涵盖了整个晶态孔材料发展的历史，因此以 Yaghi 的工作为代表介绍近年来 MOFs 的发展情况。

1999 年，Yaghi 研究小组在 *Nature* 上介绍了一个具有里程碑意义的 MOFs: $ZnO_4(BDC)_3 \cdot (DMF)_8 \cdot (C_6H_5Cl)$ (简称 MOF-5)，它的合成奠定了近 20 年来 MOFs

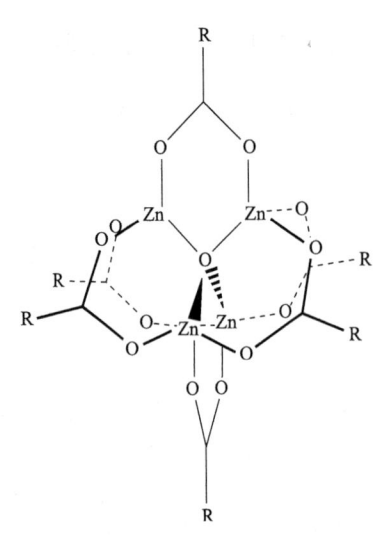

图 2-3　MOF-5 中 $ZnO_4(CO_2)_6$ 单元的结构

发展的基础。MOF-5 以对苯二甲酸(BDC)为配体,与硝酸锌在溶剂 N,N-二甲基甲酰胺(DMF)中合成。该化合物中六节点的八面体次级结构单元 $ZnO_4(CO_2)_6$ 簇(图 2-3)以 BDC 配体桥连在一起,形成孔径为纳米级别的三维立方网络结构(图 2-4)。MOF-5 具有较好的化学及机械稳定性,在实验室条件下可稳定存在到 300 ℃,在完全除去客体分子后,仍能够保持晶体完好。MOF-5 对多种小分子如氮气、氩气等具有吸附能力。

2002 年,Yaghi 研究小组在 MOF-5 的基础上,通过选取 BDC 的衍生物以及具有相同拓扑结构的有机配体,成功地合成出系列 MOFs(图 2-5)。其中一些材料的孔径尺寸超过了 20 Å,按照国际纯粹与应用化学联合会(IUPAC)的定义,它们可以被认为是具有介孔孔道的晶体材料,并且是所有已报道的晶体材料中密度最低的。这个系列材料具有较好的稳定性,在去除客体分子后,仍然能够保持骨架的完整。

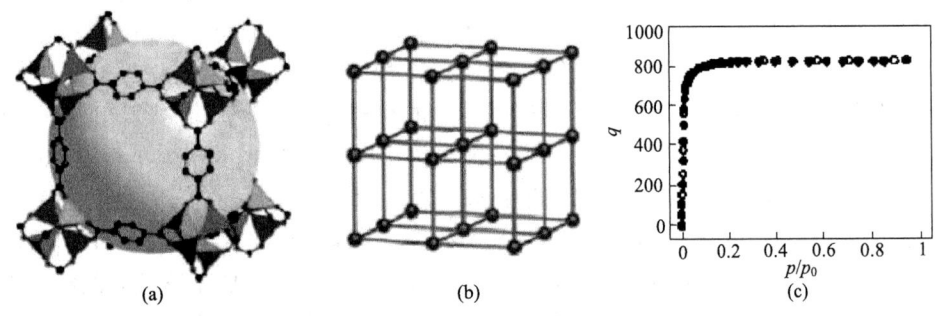

图 2-4　(a)MOF-5 骨架中由 8 个 $ZnO_4(CO_2)_6$ 以 BDC 连接起来的立方结构的孔穴,中间大球表示不接触孔壁的情况下孔穴内容纳的最大的范德华球;(b)简单立方拓扑结构的球棍模型;(c)78 K 下 MOF-5 氮气吸附-脱附等温线

其实,在构筑 MOFs 材料时,使用的配体种类是很多的,如羧酸、磷酸、磺酸、吡啶类等;即使在羧酸类配体中,其形状和配位点数量也各不相同(图 2-6),使用这些不同的配体,便可以形成空洞尺寸、形状不一的 MOFs 多孔材料,以满足不同的需求。

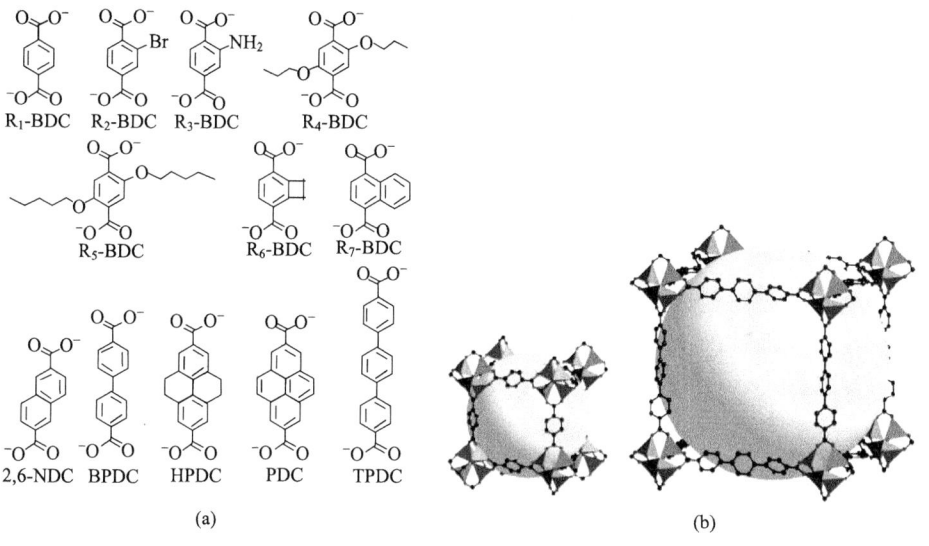

图 2-5 (a) 选取的 BDC 衍生物以及具有相同结构的有机配体；(b) 两种晶态材料示意图

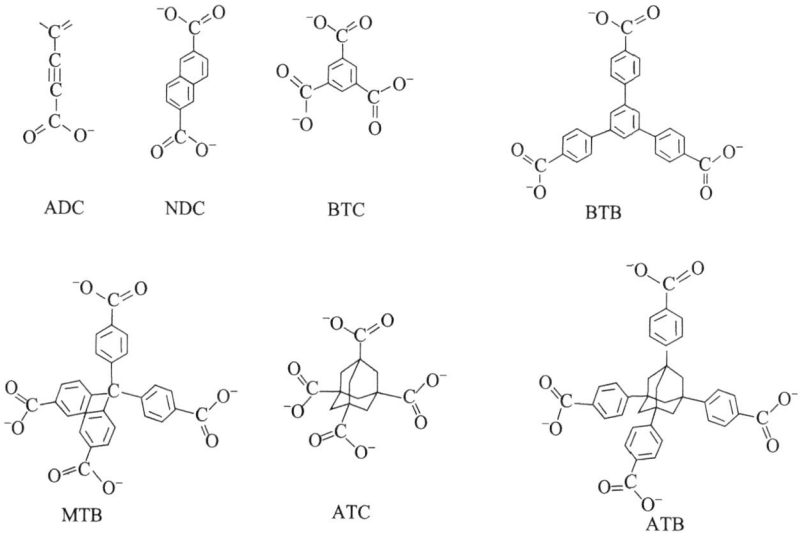

图 2-6 常用羧酸配体

例如，Yaghi 课题组于 2004 年以配体 BTB 合成出 MOF-177，它是以相同的结构单元 $ZnO_4(CO_2)_6$ 簇作为六节点与三节点的 BTB 配体连接形成了新型的三维网络结构。虽然 MOF-177 的孔径最窄处只有 10.8 Å，但是它的比表面积高达

4500 m^2/g。在 77 K、70 bar[①]的压力下 MOF-177 对 H$_2$ 的吸附量可达到 7.5%（质量分数），同时还可以吸附 C$_{60}$ 及多环染料等较大的有机分子，这些都是首次报道的（图 2-7）。

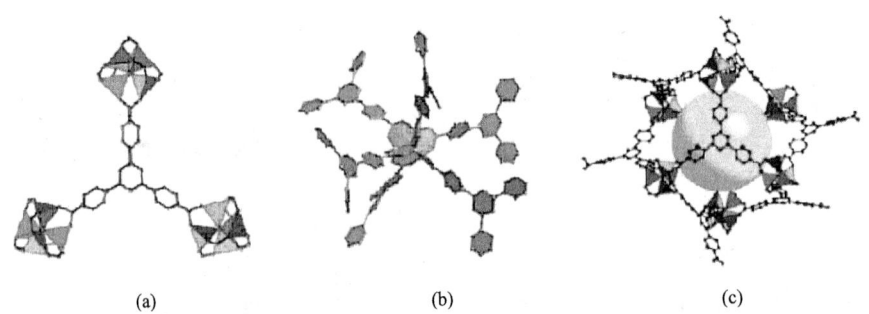

图 2-7 (a) BTB 配体与三个 ZnO$_4$(CO$_2$)$_6$ 次级结构单元配位；(b) ZnO$_4$(CO$_2$)$_6$ 结构单元与六个 BTB 配体配位；(c) 由 BTB 配体和 ZnO$_4$(CO$_2$)$_6$ 结构单元构成的笼

2. 金属-有机骨架化合物的二次修饰

上面提到的用于 MOFs 合成的有机配体的官能团都是在合成 MOFs 之前预先设计好，然后通过金属与配体的自组装直接合成化合物。

随着对多孔材料功能化的追求，人们希望通过对有机配体的修饰，将更多的官能团引入 MOFs 材料的孔道中。但是，预先修饰好的配体在同样的合成条件下或者由于稳定性不足，或者由于位阻过大，往往不能与金属离子组装形成相同的结构，有的甚至根本不能得到多孔的 MOFs 材料。为了更好地使 MOFs 中的孔道得到更多样的修饰而不改变其基本结构，以适应不同的应用需求，"二次修饰"的方法就应运而生了。

以 2-氨基对苯二甲酸(R$_3$-BDC)为配体构筑的多孔骨架材料 IRMOF-3，其基本框架结构与 MOF-5 完全相同，但配体中的氨基没有参与配位而处于孔道中。2007 年，美国的 Cohen 小组将此材料浸泡在乙酸酐的无水二氯甲烷溶液中，当溶液中的乙酸酐扩散到孔道中时与氨基发生反应，生成了酰胺基团，得到了修饰后的 IRMOF-3-AM1 材料。因此，在基本框架结构没有发生变化的前提下，这种"二次修饰"的方法可以很好地完成对孔道的修饰(图 2-8)。值得一提的是，如果使用图 2-8 右侧所示的配体 1 直接与金属盐作用，则完全得不到目标化合物 IRMOF-3-AM1。

---

① bar 为非法定单位，1 bar =10^{5}Pa。

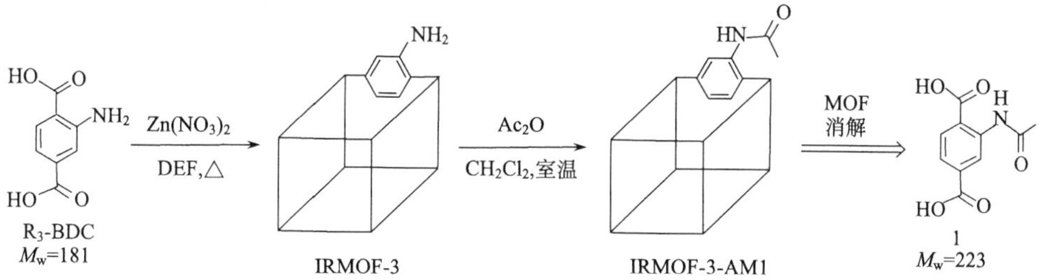

图 2-8 第一例"二次修饰"MOF 材料方法示意图

3. 金属-有机骨架化合物 UiO-66 的介绍

最近被热门研究的 UiO-66(UiO 为发现者 Lillerud 教授所在的奥斯陆大学的简称)是由 Zr^{4+} 与对苯二甲酸连接而成的新型 MOFs。在该骨架中,6 个 Zr^{4+} 通过 O^{2-}、OH^- 和羧酸基团形成节点单元 $Zr_6O_4(OH)_4(CO_2)_{12}$(图 2-9),该节点可以连接 12 个直线形的双羧酸配体进一步在三维方向上无限延展,从而形成了四面体和八面体同时存在的多孔材料。这种 MOFs 最大的优点是具有更为优良的热稳定性和化学稳定性,可以稳定至 500 ℃,并且在水和稀酸溶液中也可长时间存在,而这两点是绝大多数 MOFs 所不具备的。这种稳定性来源于高度亲氧的 Zr^{4+} 中心与氧之间较强的作用。

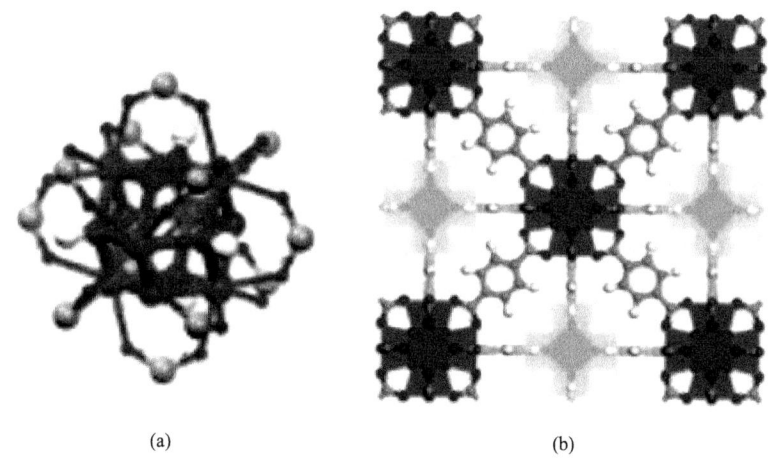

图 2-9 UiO-66 结构示意图
(a) 节点单元 $Zr_6O_4(OH)_4(CO_2)_{12}$;(b) 形成的三维结构

三、实验原理

MOFs 的合成方法有多种，其中最普遍也最简易的是溶剂热方法。本实验以 N,N-二甲基甲酰胺为溶剂，在加入一定量配比的金属盐 $ZrCl_4$ 和对苯二甲酸系列配体后，将玻璃反应瓶在适当温度的烘箱内放置若干小时，即可形成 UiO-66 系列多孔晶体材料。

该材料的结晶度和纯度可通过粉末衍射技术加以确定，热稳定程度和孔道内溶剂分子的含量等可通过热重分析技术确定，去除溶剂分子(活化)后多孔材料的比表面积及孔径尺寸可用比表面和孔径分析仪测定。

四、仪器和试剂

仪器：热分析仪，X 射线粉末衍射仪，比表面和孔径分析仪，温控烘箱，电子分析天平，移液管，超声波清洗机，15 mL 玻璃反应瓶。

试剂：对苯二甲酸(BDC)，2-氨基对苯二甲酸(R_3-BDC)，2-溴对苯二甲酸(BDC-Br)，四溴对苯二甲酸(BDC-4Br)，2-磺酸钠对苯二甲酸(BDC-S)，4,4′-二苯乙烯二羧酸(SDC)，其结构式见图 2-10；氯化锆，N,N-二甲基甲酰胺，冰醋酸，无水乙醇，乙酸酐，2-吡啶，甲醛，液氮。

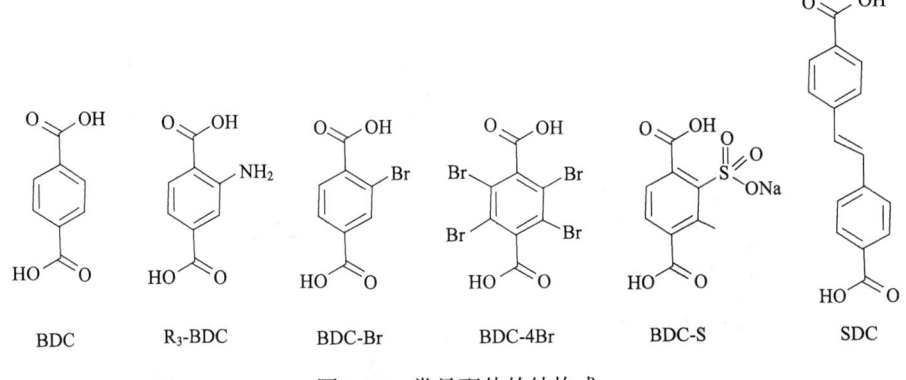

图 2-10 常见配体的结构式

五、实验步骤

(1) 称取对苯二甲酸(0.51 mmol)放入玻璃反应瓶中，然后移取一定量氯化锆(0.51 mmol)的 DMF 溶液 10 mL 加入瓶中；加入过量调节剂冰醋酸(约 1 mL)。

(2) 将混合物通过超声波清洗机充分振荡，摇匀，待所加入固体物质完全溶解为佳。

(3) 将玻璃反应瓶放入烘箱中，设置反应温度为 100 ℃，反应时间为 48 h。

(4) 待温度自然冷却到室温后，将瓶中生成的白色晶态物质过滤，随即放入加有 10 mL DMF 的玻璃反应瓶，在 80 ℃加热 24 h 除去未反应的原料和调节剂，然后在 10 mL 无水乙醇中浸泡即可。

依据完全类似的方法，分别以其他双羧酸配体 R_3-BDC、BDC-Br、BDC-4Br、BDC-S 和 SDC 为原料，制备 UiO-66 材料的相似物 UiO-66-NH_2、UiO-66-Br、UiO-66-4Br、UiO-66-S 和 UiO-66-SDC。

第二部分　UiO-66 系列材料的 X 射线粉末衍射分析

一、实验目的

(1) 掌握 X 射线粉末衍射法的实验原理，了解衍射仪的构造和使用方法。

(2) 掌握根据衍射仪拍摄的晶体粉末 X 射线衍射图测定立方晶系晶体的点阵形式的方法。

(3) 计算晶体的密度，并了解定性物相分析。

二、实验原理

X 射线是德国物理学家伦琴于 1895 年研究阴极射线时发现的，它是一种波长范围为 0.001～10 nm(0.01～100 Å)的电磁波。用于测定晶体结构的 X 射线，波长为 0.05～0.25 nm，这个波长范围与晶体点阵面的间距大致相当。

当 X 射线照射到晶体上时，除极少反射和大部分透射外，其余能量被晶体吸收。由于物质作用，它偏离光轴，称为散射。散射分两种情况，一种是与 X 射线具有同一波长的射线，称为相干散射；另一种是波长稍长，并且方向不同，强度稍有不同，称为非相干散射。

X 射线衍射现象起因于相干散射之间的干涉作用。如果两个波长相等、相位差固定的相干散射波在同一方向传播，则在不同的相位差下这两个波或加强或减弱(反相)，这种散射叠加的现象称为波的衍射。当 X 射线照射样品时，射线和样品的原子相互作用，使电子以入射波的频率振动，并发射出二次散射 X 射线，即衍射线。由于晶体中原子排列的周期性，原子的电子产生的衍射线发生干涉作用，其结果衍射体相互叠加或相互抵消形成衍射图。晶体对 X 射线的衍射是由晶体中的原子对 X 射线的散射引起的。而原子对 X 射线的散射作用又是原子中的电子对 X 射线的散射导致的结果。

若以 $(h'k'l')$ 代表晶体的一族平面点阵(或晶面)的指标($h'k'l'$ 为互质的整数)，$d_{(h'k'l')}$ 是这族平面点阵中相邻两平面之间的距离，入射 X 射线与这组平面点阵的夹角 $\theta_{(nh'nk'nl')}$ 满足布拉格(Bragg)方程时，就可产生衍射，如图 2-11 所示。

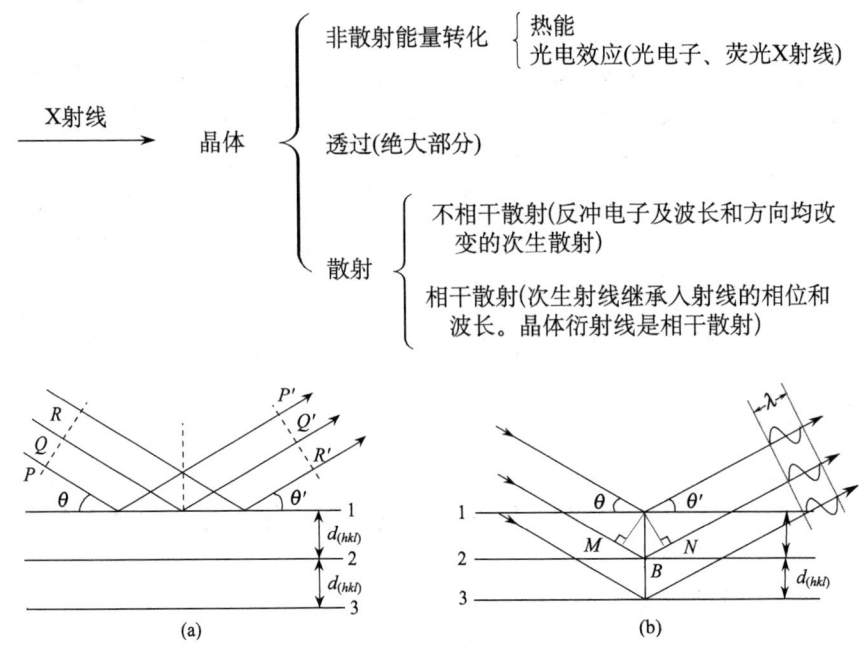

图 2-11 衍射示意图

当 X 射线照射到两个相邻点阵面间距为 d 的平面上，其光程差为

$$MB+BN = 2d\sin\theta \tag{2-1}$$

衍射条件

$$2d\sin\theta = n\lambda \quad (n=1,2,3,\cdots) \tag{2-2}$$

式中，d 为晶面间距；θ 为衍射角；n 为衍射级数；hkl 为衍射指标。式(2-2)即为布拉格方程。

晶体的晶胞大小和形状决定衍射方向，晶胞中原子分布决定衍射强度。

当一束 X 射线照到单晶体上，和 $(h'\ k'\ l')$ 平面点阵族的夹角为 θ 满足布拉格方程时，衍射线方向与入射线方向相差 2θ。对于粉末晶体，晶粒有各种取向，同样一族平面点阵和 X 射线夹角为 θ 的方向有无数个，产生无数个衍射，分布在顶角为 4θ 的圆锥上。晶体中有许多平面点阵族，当它们符合衍射条件时，相应地会形成许多张角不同的衍射线，共同以入射的 X 射线为中心轴，分散在 $2\theta(0\sim180°)$ 范围内。

多晶衍射是利用计数管和一套计数放大测量系统，把接收到的衍射光强成正比的信号记录下来。将样品放在衍射仪圆的中心，计数管始终对准中心，绕中心旋转，样品每转 θ，计数管转 2θ，记录仪同步转动，逐一把各衍射线记录下来，并在计算机上得到一张经过处理的 X 射线粉末衍射图，由 X 射线粉末衍射图可得

d-I 数据。由于每种晶体都有其特定的结构,两种晶体的晶胞大小、形状、晶胞中原子的数目和位置不可能完全一样,因此晶体的 X 射线粉末衍射图就像人的指纹一样各不相同,即每种晶体都有各自的 d-I 值,比对 PDF 卡片,就可鉴定未知晶体,进行物相分析。

X 射线粉末衍射法的另一应用是测定简单晶体的结构。本实验着重这一方面。在立方晶体中,晶面间距 d 与晶面指标间存在下列关系:

$$d_{(hkl)} = \frac{a}{(h^2+k^2+l^2)^{1/2}} \tag{2-3}$$

将式(2-3)与式(2-2)合并,整理得

$$\sin^2\theta = \frac{\lambda^2}{4a^2}(h^2+k^2+l^2) \tag{2-4}$$

式中,a 为立方晶系晶胞的边长。

属于立方晶系的晶体有三种点阵形式:简单立方 P、体心立方 I、面心立方 F。从式(2-4)可见,$\sin^2\theta$ 与 $(h^2+k^2+l^2)$ 成正比,3 个整数的平方和只能等于 1,2,3,4,5,6,7,8,9,10,11,12,13,14,15,16,17,18,19,20,21,22,23,24,25,…。因此,对于简单立方点阵,各衍射线相应的 $\sin^2\theta$ 之比为

$$\sin^2\theta_1 : \sin^2\theta_2 : \sin^2\theta_3 \cdots = 1:2:3:4:5:6:8:9:10:\cdots$$

对于体心立方点阵,由于系统消光,所有 $(h^2+k^2+l^2)$ 为奇数的衍射线都不会出现,因此体心立方点阵各衍射线 $\sin^2\theta$ 之比为

$$\sin^2\theta_1 : \sin^2\theta_2 : \sin^2\theta_3 : \cdots = 2:4:6:8:10:12:14:16:18:20:\cdots$$
$$= 1:2:3:4:5:6:7:8:9:10:\cdots$$

对于面心立方点阵,由于系统消光,各衍射线 $\sin^2\theta$ 之比为

$$\sin^2\theta_1 : \sin^2\theta_2 : \sin^2\theta_3 : \cdots = 3:4:8:11:12:16:19:20:24:\cdots$$

从以上 $\sin^2\theta$ 之比可以看到,简单立方和体心立方的区别在于前者无 7、15、23 等衍射线,而面心立方则具有明显的二密一疏分布的衍射线。因此,根据立方晶体衍射线 $\sin^2\theta$ 之比,可以鉴定立方晶体所属的点阵形式。

立方晶体密度可由式(2-5)计算:

$$\rho = \frac{Z(M/N_A)}{a^3} \tag{2-5}$$

式中,ρ 为立方晶体密度;Z 为晶胞中相对分子质量或化学式量为 M 的分子或化学式单位的个数;N_A 为阿伏伽德罗常量。

三、仪器和试剂

仪器:XD-3 射线衍射仪,玛瑙研钵。

试剂：已制备好的 UiO-66 系列材料。

四、仪器简介

X射线衍射仪 { X光源(一台发射X射线强度高度稳定的X射线发生器) / 衍射角测量部分(一台精密分度的测角仪) / X射线强度测量记录部分(X射线检测器和射线粒子计数系统) / 计算机(衍射仪控制和数据采集系统) }

工作原理：高压电源产生的高压加到 X 射线管上，X 射线管中的钨丝(阳极)发出热电子，受到高压作用轰击阴极靶(Cu)，高速电子把原子内层电子激发，再由外层电子跃迁至内层，势能下降而产生 X 射线；X 射线经发散狭缝聚光后打到样品上产生衍射现象；经由测角仪及光子探测器测定衍射强度及角度，送入中央处理单元记录衍射图；通过计算机进行数据处理，给出分析结果；计算机设置所有实验条件并控制各部分的工作。

工作条件：管电压 36 kV，管电流 20 mA，X 射线波长 Cu($K_α$)1.540 56 Å，发散狭缝 1°，接收狭缝 0.16 mm，放散射狭缝 1°，扫描速度 4°/min，步宽 0.02。

五、实验步骤

(1)在玛瑙研钵中，将样品磨细至 340 目左右(手摸无明显颗粒感为止)。将样品框放于表面光洁的玻璃板上，把样品均匀地撒入框内略高于样品框板面；用不锈钢片压紧样品，使样品足够紧密且表面光滑平整，附在框内不致脱落。将样品框插在测角仪中心底座上。

(2)开启主机电源，接通 X 射线机冷却水，打开高压发生器的开关，接通低压电路，进入"LJ51TT"操作软件，逐步将高压电路升至 36 kV，升管流至 20 mA，通过"校读"检查测角仪刻度盘刻线所指示位置是否正确(5°左右)。

(3)利用"LJ51TT"操作软件中"叠扫"菜单输入测量条件，采集衍射图数据，重叠扫描后将衍射数据存盘。

(4)结束实验后，降管流、管压，进行一遍测角仪"校读"，等待测角仪转至初始位置，关闭"LJ51TT"操作软件，关闭高压后，关闭高压发生器的开关，关闭测量系统、前级控制机电源，待机器一切正常后关闭电源，冷却 10 min 后关闭冷却水。

(5)进入"X 射线衍射分析系统(PDP)"，对所测图谱寻峰并做相应处理，得到样品的 X 射线衍射图及 *d-I* 数据，将 *d-I* 数据与标准数据进行比较。

(6)实验时注意安全，了解 X 射线防护知识。

六、数据处理

(1) 用谱图上各衍射线的 2θ 值、d 值和相对强度与标准谱图比较；根据已知样品的谱图上标出的每条衍射线的 2θ 值，计算各衍射线的 $\sin^2\theta$ 之比，确定其点阵形式。

(2) 标出各衍射线的指标 hkl，选择较高角度的衍射线，将 $\sin\theta$ 衍射指标以及所用 X 射线的波长代入式(2-4)求晶胞参数 a，并与已报道的理论值对比。

(3) 由衍射线的分布情况鉴定该立方晶系所属的点阵形式。

(4) 用式(2-5)计算晶体的密度。

七、思考题

(1) X 射线对人体有何危害？应如何防护？

(2) 计算晶胞参数 a 时，为什么要用高角度的衍射线？

(3) 阅读《结构化学基础》和《物理化学实验》书上有关章节，了解物相分析的原理与方法。

参 考 文 献

北京大学物理化学教研室. 1995. 物理化学实验. 3 版. 北京：北京大学出版社.
复旦大学. 1993. 物理化学实验. 2 版. 北京：高等教育出版社.
周公度. 1981. 晶体结构测定. 北京：科学出版社.
周公度，段连运. 2014. 结构化学基础. 4 版. 北京：北京大学出版社.

第三部分　UiO-66 系列材料的热重分析

一、实验目的

(1) 掌握热重分析法的基本原理和实验方法。

(2) 使用综合热分析仪对 MOFs 样品进行热重分析，依据热重曲线解析样品的失重过程，并计算溶剂的含量。

(3) 了解综合热分析仪的使用方法。

二、实验原理

物质在受热时会发生化学反应，质量也就随之改变，测定物质质量的变化就可研究其变化过程。热重法(TG)是在程序控制温度下，测量物质质量与温度关系的一种技术。目前，热重法的应用可以大致归纳为如下几个方面：

(1) 了解试样的热(分解)反应过程,如测定结晶水、脱水量及热分解反应的具体过程等。

(2) 研究在生成挥发性物质的同时所进行的热分解反应、固相反应等。

(3) 研究固体和气体之间的反应。

(4) 测定物质的熔点、沸点。

(5) 利用热分解或蒸发、升华等,分析固体混合物。

热重法实验得到的曲线称为热重曲线(TG 曲线)。TG 曲线以质量为纵坐标,从上向下表示质量减少;以温度(或时间)为横坐标,自左至右表示温度(或时间)的增加。

热重法的主要特点是定量性强,能准确地测量物质的变化及变化的速率。热重法的实验结果与实验条件有关。但在相同的实验条件下,同种样品的热重数据是重现的。

从热重法派生出微商热重法(DTG),即 TG 曲线对温度(或时间)的一阶导数。实验可同时得到 DTG 曲线和 TG 曲线。DTG 曲线能精确地反映起始反应温度、达到最大反应速率的温度和反应终止的温度。在 TG 曲线上,对应于整个变化过程中各阶段的变化互相衔接而不易区分,同样的变化过程在 DTG 曲线上能呈现出明显的最大值,故 DTG 能很好地显示出重叠反应,区分各个反应阶段。另外,DTG 曲线的峰面积精确地对应质量变化,因而 DTG 能精确地进行定量分析。有些材料由于各种原因不能用 DTA(差热分析)来分析,却可以用 DTG 分析。

一般来说,现在经常使用的热分析仪器为综合热分析仪,该仪器可以在程序温度(等速升降温、恒温和循环)控制下,同时进行差热和热重分析,常用于测定物质在熔融、相变、分解、化合、凝固、脱水、蒸发、升华等特定温度下发生的热量和质量变化,是国防、科研、大专院校、工矿企业等单位研究不同温度下物质物理化学性质的重要分析仪器。

综合热分析仪由天平室、加热炉、冷却风扇、温控单元、天平放大单元、微分单元、差热分析、接口单元、气氛单元和计算机等组成,如图 2-12 所示。

仪器的天平测量系统采用电子称量,在天平的横梁上端加装一片遮光小旗,挡在发光二极管和光敏三极管之间,横梁中间加磁钢和动圈。当支架加入试样时,横梁连同线圈和遮光小旗发生转动,光敏三极管受发光二极管照射的强度增大,质量检测电路则输出电流,线圈的电流在磁钢的作用下产生力矩,使横梁回转,当试样质量产生的力矩与线圈产生的力矩相等时,天平平衡。这样试样的质量就正比于电流,此电信号经放大电路、模/数转换等处理后送入计算机。在实验过程中,计算机不断采集试样质量,就可获得一条试样质量随温度变化的热重曲线,如图 2-13 所示。

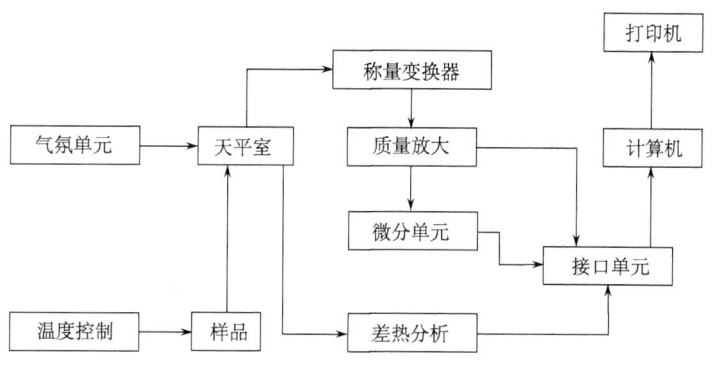

图 2-12 综合热分析仪原理图

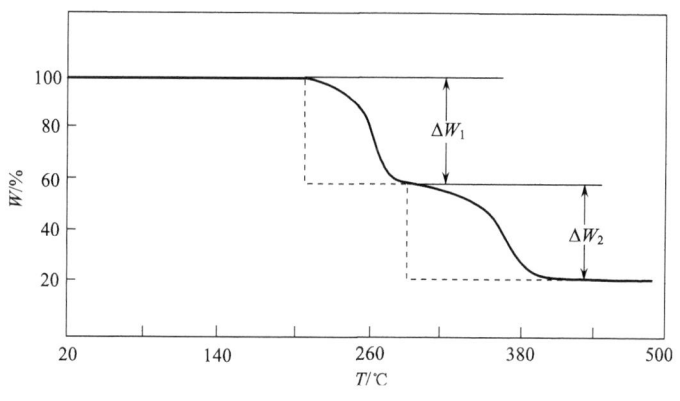

图 2-13 热重曲线

三、仪器和试剂

仪器：综合热分析仪，坩埚，试样匙，镊子。

试剂：已制备好的 MOFs 材料。

四、实验步骤

1. 开机并调节参数

仪器需预热 30 min。若需气氛，接通气路调节气体流量。开启计算机，进入应用软件窗口，将相应仪器参数输入计算机。

2. 天平调零和样品称量

打开炉子上端螺栓，松开炉体固定螺钉，慢慢降下炉体，然后把托盘放在炉子瓷管端口，轻轻托住支持器。用镊子轻取出样品坩埚(参比物坩埚不用取出)，放上空坩埚。取走托盘，托起炉体到顶端，并固定住。调节至天平读数为零。

如前操作放下炉体并托起支持器，取出空坩埚，加入样品，坩埚放回样品支架。待天平稳定后，称量。将计算机中的 TG 读数输入样品质量栏内。

3. 温控编程及采样

在温控单元编制采样的起始温度、终止温度、升温速率及保留时间等参数，并输入计算机。检查输入的参数，单击"确认"，计算机开始采样。

4. 数据处理和关闭仪器

(1) 待计算机采样完成后，单击"存盘返回"，输入文件名，单击"保存"。
(2) 按住温控单元的∧键，使 SV 显示为 stop，放开∧键，关闭电炉电源开关。
(3) 在计算机中做数据处理。数据处理结束后，关闭计算机和综合热分析仪各单元的电源开关；炉体冷却后关闭气源。

五、注意事项

(1) 选择适当的参数。不同的样品因其性质不同，操作参数和温控程序应做相应调整。

温控程序参数：起始温度 20 ℃；终止温度 500 ℃；升温速率 10 ℃/min。

(2) 样品取量要适当，样品量太大，会使 TG 曲线偏离，本实验取 5 mg 左右为宜。

(3) 坩埚轻拿轻放，以减少天平摆动。取放时一定要托起支持器。

六、数据处理

调入所存文件，分别做热重数据处理和差热数据处理。选定每个台阶或峰的起止位置，可求算出各个反应阶段的 TG 失重率、失重始温、失重终温、失重速率最大点温度和 DTA 的峰面积热焓、峰起始点、外推始点、峰顶温度、终点温度、玻璃化温度等。

假设该材料内包含的溶剂分子均为 DMF，试估算 UiO-66 每个单位节点内含有几个溶剂分子。

七、思考题

(1) 从热重曲线的位置、形状、斜率可以得到哪些信息？
(2) 当曲线出现水平程度很好的平台时，物质有哪些性质？
(3) 根据实验结果如何判断多孔材料 UiO-66 的热稳定性？还需要其他数据来证明该结论吗？

第四部分　UiO-66 系列材料的比表面及孔径分析

一、实验目的

(1) 了解多孔材料比表面积的测定。
(2) 了解比表面及孔径分析仪的工作原理和操作步骤。

二、背景知识

材料的表面是固体与其环境(液体、气体或另一固体)的分界线。因此，我们可以推断出表面的大小，表面面积是固体特性的一个重要的因数。例如，表面面积影响药品的溶解速率、工业触媒的活性、水泥的水化速率、空气和水的净化剂的吸附能力，以及大多数粉末和多孔材料的加工等。当固体物质被分割成较小的颗粒时，就形成新的表面，从而使表面面积增加。与此相似，当颗粒内部(由于溶解、分解或其他一些物理或化学方法)形成孔洞，其表面面积也增加。例如，1 g 活性炭的表面面积就可达 2000 m^2。

由于表面不规则和内部有孔洞，真正的表面面积不能通过颗粒的大小计算，需要在原子级别上通过吸附某种不活动的或惰性的气体来确定。吸附的量 X 不仅是暴露表面的总量的函数，还是温度、气体压力以及气体和固体之间发生反应的强度的函数。因为多数气体和固体之间相互作用微弱，必须使表面得到充分的冷却以使其发生相当的吸附，即足以覆盖整个表面。随着气体压力的提高，表面会吸附得更多。但是，当气体以一个原子厚度全部覆盖表面后，随着相对压力的提高，超量的气体被吸附从而构成"多分子层"。因此，气体吸附作为一个压力函数，不仅仅遵循一个简单的关系，必须使用一个适当的数学模型来计算表面面积。通常使用 BET 方程式：

$$\frac{p}{V(p_0 - p)} = \frac{1}{V_m \cdot C} + \frac{C-1}{V_m \cdot C} \times \frac{p}{p_0}$$

式中，V 为吸附气体的体积；V_m 为单分子层吸附时的吸附量；p/p_0 为气体的相对压力；C 为与气体和固体相互作用的强度有关的一个常数。若已知每个气体分子在吸附剂表面所占的面积，就可求得吸附剂的表面积。

通常使用的气体是氮气。氮气有如下优点：①很容易得到高纯度的氮气；②液态氮是最合适的冷却剂，也很容易得到；③氮气与大多数固体表面相互作用的强度较大。假设一个被吸附的氮分子的截面面积在所有表面上都是 16.2 $Å^2$ (0.162 nm^2)，可以得到表面面积测试结果的报告。若以样品的质量为准，写成 m^2/g。

三、仪器和试剂

仪器：比表面及孔径分析仪，电子天平。

试剂：已制备好的 UiO-66 系列材料。

四、实验步骤

1. 样品准备

(1) 样品质量不要小于 0.1 g。

(2) 称量(样品管+转移塞)W_0，加入样品后称量 W_1，样品质量 $W=W_1-W_0$ 应该在合适的范围内。

2. 建立样品分析程序

(1) 软件主菜单中，选择"File→Open→SampleInformation"(F2 键)，直接点击"OK"，然后点击"Yes"，建立新的分析程序。

(2) 在 SampleInformation 栏中，点击"Replaceall"，选择测试内容：①测介孔+BET，选择 Meso；②只测 BET+总孔容，选择 BET+totalporevolume；③测微孔+介孔+BET，选择 Micro+Meso。

(3) 确定后，在 Sample 选项中输入测试程序名称，保存并关闭。

样品脱气预处理温度、时间默认为 150 ℃、0.5 h，根据样品性质如需更改，选择"DegasCondition"栏中的"HeatingPhase"栏，"HoldTemp"更改预处理温度，"HoldTime"改时间。Degas 速度不能快，一般选 10 即可；真空最低选 20 μmmHg 即可。

3. 脱气

(1) 把装有样品的样品管固定安装在仪器面板左侧的脱气接口中，左起第一个接口为 Sample1，第二个为 Sample2，将样品管安装在加热包内，用夹子夹紧。

(2) 确认冷阱杜瓦瓶中有足够的液氮，挂到仪器中间冷阱挂钩上。

(3) 点击 ASAP 软件上的"Unit"→"Degas"→"StartDegas"，点击"Browse"，选择步骤(2)中已建好的测试程序，点击 Start，测试开始。

(4) 脱气结束后，仪器会自动回填气体，不需手动操作。小心移开加热包的夹子和加热包，样品管冷却至室温(约 15 min)，卸下样品管，再一次称量样品+空管的总质量，此质量与空管质量相减即得脱气后样品的实际质量。

4. 样品分析

(1)套上液氮等温夹至样品管泡处,在样品管头处安上连接头和密封圈,安装在分析口上,拧紧。

(2)分析口杜瓦瓶加液氮至离上端口 5 cm 处,将杜瓦瓶口盖安在样品管上并将其移到样品管的旁边。

(3)将分析口杜瓦瓶中液氮加至离上端口 5 cm 处,将杜瓦瓶放到电梯托盘中。

(4)点击 ASAP 软件上的"Unit"→"Startanalysis",选择步骤 2 中已建的测试程序,"Samplemass"中输入脱气后样品质量,点击 Start,测试开始。

(5)点击 Next 可进行另一个分析。

5. 数据输出和再处理

点击 Report→StartReport。

点击 File→Export→destination→OK,输出等温吸附和脱附曲线数据。

桌面上有 MicroActive 后处理软件可供使用。

6. 关机

(1)打开氮气和氦气瓶,确认分压值在 0.1 MPa。

(2)插上两个干泵电源插头,干泵启动;打开仪器右侧的电源开关。

(3)打开计算机,打开软件。关机:关闭软件,关闭计算机,关闭仪器电源,拔下两个干泵电源插头,关闭两个气瓶。

五、数据处理及思考题

(1)根据得到的 UiO-66 和 UiO-66-SDC 的 BET 数据,试分析两者的差别,可以得到什么结论?

(2)试从微观结构的角度分析其材料孔径的差别。

(3)如果将气体换为二氧化碳,试预测合成的系列多孔材料 UiO-66、UiO-66-NH_2、UiO-66-Br、UiO-66-4Br、UiO-66-S 和 UiO-66-SDC 中何者的吸附量最大,并解释原因。

(魏 玮 肖岭梅)

实验 12 α-Fe₂O₃ 纳米颗粒的制备及催化性能测试

一、实验目的

(1) 学习 α-Fe₂O₃ 纳米颗粒的制备和表征方法。
(2) 了解其降解污染物的机理。

二、实验原理

α-Fe₂O₃ 是铁锈的主要成分，是钢铁水下腐蚀和钝化的主要产物。α-Fe₂O₃ 的结构是非常稳定的刚玉结构，其中 O^{2-} 是四配位，即六方最密堆积，按照 ABAB 的顺序沿[001]面铺展，铁离子则在两个氧离子层之间，填充在 2/3 的八面体空位上，结构如图 2-14 所示。

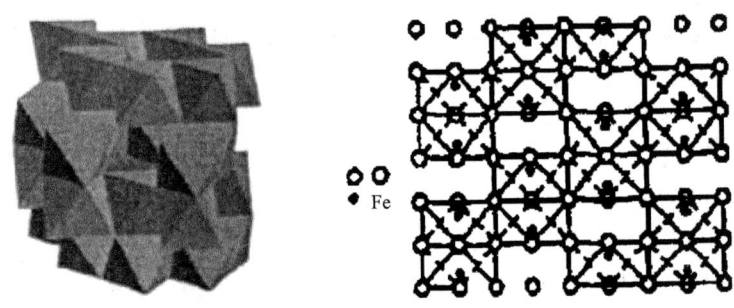

图 2-14 α-Fe₂O₃ 的晶体结构和刚玉结构投影图

氧化铁是 n 型半导体，当其尺寸小于 50 nm 时，会产生与单晶半导体不同的性质，产生量子尺寸效应。半导体的截流子被限制在一个小尺寸的势阱中，导带和价带能级从连续变为分离，能隙增大，导带负移，价带正移，从而改善半导体材料的诸多性质。例如，由于氧化还原能力的提高，催化剂的光催化活性增加。因而目前的研究多集中在纳米尺寸。

纳米氧化铁的制备大多发生在溶液中。因此，最终样品的晶相、形态、尺寸等均与制备过程中铁离子的水解过程息息相关。通常，Fe(Ⅲ)的水解反应包括以下几步：①低相对分子质量物种的形成；②红色阳离子聚合物的生成；③聚合物的老化，最终转变成各种氧化物形态，老化过程中聚合物的变化主要包括化学组成的改变、pH 的降低、光吸收的增加、混乱度和光散射的增加、沉淀系数的增加、颗粒尺寸的增加，以及酸解速率的降低；④由低相对分子质量物种直接形成氧化物沉淀。

Cl^- 对聚合物老化的最主要影响是最终产物为 β-FeOOH，而不是 α-FeOOH。

SO_4^{2-} 与 Fe^{3+} 可形成很强的配位键，配合物的性质取决于溶液中 SO_4^{2-} 与 Fe^{3+} 物质的量比。与一价阴离子相比，在较低 pH 和 OH^-/Fe 下就会导致沉淀生成，且沉淀速率很快。SO_4^{2-} 溶液中得到的沉淀主要包括 α-Fe_2O_3 和 α-FeOOH。

α-Fe_2O_3 的制备：通常将其他形式的(羟基)氧化铁在一定温度下加热，即可以生成 α-Fe_2O_3。其他湿法合成主要分为酸法和碱法。

(1) 酸法合成：主要是通过酸性条件下铁水解成聚合物，在较低的温度下，聚合物经过老化成为 α-Fe_2O_3。

(2) 碱法合成：直接在碱性条件下水解，生成 $Fe(OH)_3$ 沉淀。经过高温处理，沉淀脱水转变成 α-Fe_2O_3。

$$Fe(NO_3)_3 + 3NaOH \longrightarrow Fe(OH)_3\downarrow + 3NaNO_3$$

$$2Fe(OH)_3 \longrightarrow \alpha\text{-}Fe_2O_3 + 3H_2O$$

1894 年，法国科学家 Fenton 发现亚铁离子和过氧化氢在弱酸水溶液中共存时可以有效地将酒石酸氧化。这项研究的发现为有机物分析和选择性氧化提供了一种新的方法。为纪念这位伟大的科学家，后人将 Fe(Ⅱ)-H_2O_2 命名为 Fenton 试剂，其反应称为 Fenton 反应。具体反应式如下：

$$Fe^{2+} + H_2O_2 \longrightarrow Fe^{3+} + \cdot OH + OH^- \quad K_j = 58 \text{ L/(mol·s)}$$

$$Fe^{3+} + H_2O_2 \longrightarrow Fe^{2+} + \cdot OOH + H^+ \quad K_j = 0.02 \text{ L/(mol·s)}$$

$$Fe^{3+} + \cdot OOH \longrightarrow Fe^{2+} + O_2 + H^+$$

$$2\cdot OOH \longrightarrow O_2 + H_2O_2$$

Fenton 试剂之所以具有非常强的氧化能力，是因为 H_2O_2 在铁离子存在下能生成氧化能力很强的 HO·自由基(其氧化电位高达+2.8 V)可以氧化降解绝大部分有毒有机污染物，或能彻底矿化为 CO_2、H_2O 和相应的无机物，因此成为污染物控制和削减的绿色方法。同时，生成的 Fe(Ⅲ)也可以被 H_2O_2 重新还原成 Fe(Ⅱ)，从而使得该体系能循环下去。研究发现，光照可以显著促进 Fe(Ⅲ)还原产生 Fe(Ⅱ)。氧化铁取代上述体系中的铁离子可以形成多相 Fenton 体系，这一体系扩展了反应的 pH 适应性，解决了铁离子的二次污染问题。

氧化铁是一种半导体材料，在材料领域有广泛的应用，其固有的电、磁等性质可通过掺杂而得到很大改善；金属离子的 d-d 跃迁可产生颜色，且随粒子尺寸和形态而变化。因此，氧化铁在磁性材料、催化、颜料、陶瓷、橡胶和光气敏材料、磁流体材料及生物医学、化妆品等高档特殊材料方面有着广泛的用途。

三、仪器和试剂

仪器：马弗炉，X 射线衍射仪(XRD)，透射电子显微镜(TEM)，傅里叶变换红外光谱仪(FTIR)，紫外-可见分光光度计，超声波清洗机，高速离心机。

试剂：$FeCl_3$，NaOH，亚甲基蓝，甲基橙，H_2O_2，无水乙醇，纯净水。

四、基本操作

(1) 精密 pH 试纸使用。
(2) 离心分离和沉淀清洗。
(3) 红外光谱仪操作。
(4) 紫外-可见分光光度计操作。

五、实验步骤

1. α-Fe_2O_3 纳米颗粒制备

将 0.5 mol/L NaOH 溶液缓慢滴加到 0.1 mol/L $FeCl_3$ 溶液中，控制 pH 为 11.5～12.5 至沉淀完全，将得到的沉淀离心分离、洗涤，120 ℃烘干后得到氢氧化物，然后 500 ℃焙烧 1 h，冷却至室温保存。

[实验探索] 向 $FeCl_3$ 加入 Na_2SO_4 或 NaH_2PO_4 对 α-Fe_2O_3 纳米颗粒的形貌是否有影响？

2. α-Fe_2O_3 纳米颗粒表征

FTIR 测试：样品溴化钾压片(1∶50，质量比)，扫描波数 400～4000 cm^{-1}，对光谱进行分析。

XRD 测试：干燥的 α-Fe_2O_3 纳米颗粒用于 XRD 测试，分析谱图与标准卡片对比，用谢勒公式计算粒径。

TEM 表征：将制备的 α-Fe_2O_3 纳米颗粒超声分散到乙醇溶液中(30 min)，用 10 μL 移液器滴加到普通碳膜铜网上，进行 TEM 测试。

3. 催化性能测试(有机染料的降解)

1) 脱色实验

分别配制浓度为 50 mg/L 的甲基橙和亚甲基蓝溶液，加入等量的 α-Fe_2O_3 纳米颗粒，其用量为 2.5 g/L，反应体系 pH=6.5。脱色实验在避光条件下进行，分别在 0.5 h、1 h、1.5 h、2 h 时间间隔取 2 mL 溶液稀释到 10 mL，2000 r/min 离心 10 min，然后用紫外-可见分光光度计测量上清液的吸光度。

2) α-Fe_2O_3-H_2O_2 体系降解有机染料

向 50 mg/L 甲基橙和亚甲基蓝溶液中分别加入 2.5 g/L α-Fe_2O_3 纳米颗粒和 5% H_2O_2，分别在 0.5 h、1 h、1.5 h、2 h 时间间隔取 2 mL 溶液稀释到 10 mL，2000 r/min 离心 10 min，然后用紫外-可见分光光度计测量上清液的吸光度。

六、思考题

如何检测 α-Fe_2O_3 纳米颗粒吸附有机染料的含量？

（韩洪亮）

实验 13 水溶性纳米发光探针的制备及表征

一、实验目的

(1) 了解油溶性纳米材料的制备方法。
(2) 了解水溶性纳米材料的改性方法及负载有机染料的方法。

二、实验原理

纳米材料是指三维空间尺度至少有一维处于纳米量级(1~100 nm)的材料,它是由尺寸介于原子、分子和宏观体系之间的纳米粒子所组成的新一代材料。构成纳米材料的粒子基本上都是由数量很少的原子或分子组成的聚集体,这种粒子由晶体或非晶体物质组成,其界面仍呈现无规则分布,纳米微粒中的原子排布既不同于长程有序的晶态,也不同于长程无序、短程有序的"气体态"(gas-like)。正是由于这种结构特点,纳米材料具有一系列与尺寸大小有关的、介于单个分子与宏观材料之间的性能效应,如量子尺寸效应、表面效应、量子限域效应和介电限域效应等。纳米材料包括纳米粉体、纳米线、纳米管、纳米薄膜和纳米块体材料等。近几年,纳米科技的迅猛发展已使纳米材料开始在生物分析和成像领域的应用得到重视,并迅速成为光化学、材料科学和生物学等多学科交叉研究的前沿。

纳米材料作为生物荧光探针应用于生物成像需满足如下要求:①合适的纳米尺寸和均一的形貌;②水中良好的分散性;③较高的发光效率,较高的信噪比;④合适的表面性质,可以提高纳米材料的生物相容性和进一步链接生物分子的能力;⑤对生物系统具有较低的毒性。最近,发展了很多合成水溶性纳米发光材料的方法,使其满足上述要求。

1. 油溶性纳米材料的制备

纳米材料的制备方法很多,包括沉淀法、水热法、热裂解法、溶胶-凝胶法、溶剂热法、燃烧合成法、微乳液法和多元醇法等。这些方法都能合成粒径均一、形貌可控的具有较高转换发光效率的纳米粒子。

沉淀法 可能是最传统的方法之一,可以制备粒径下尺寸分布窄的纳米粒子。与其他方法相比,沉淀法不需要复杂昂贵的设备、反应条件温和、省时,但是一般需要热后处理才能得到晶化程度较高的晶态纳米粒子。沉淀法的溶剂通常会使用表面活性剂来控制粒子生长、稳定纳米粒子以及表面功能化,如聚乙烯吡咯烷酮(PVP)、聚乙烯亚胺(PEI)。

水热法 通常采用低廉的原料制备尺寸和形貌可控的纳米材料。基本的水热过程如下：将反应原料溶解在溶液中，置于高压反应釜中，封口，高温高压处理。调节各种离子浓度和水溶液的 pH、水热温度和时间等参数，就能控制纳米材料的生长。该方法与传统的反向微乳法类似。水热法采用的原料简单廉价，不需热后处理即能得到晶化程度较高的晶相纳米粒子，且形貌粒径可控。缺点是对形貌粒径的影响因素较多，较难控制；反应在密封的反应釜内进行，无法实时跟踪反应变化过程。

热裂解法　在传统的溶剂热法的基础上改进，引入可以在高温下裂解的三氟乙酸盐前驱体。典型的制备过程如下：先制备各种三氟乙酸盐，将它们添加到高沸点有机溶剂(油酸/1-十八烯、油酸/油胺、纯油胺等体系)；氮气保护下升温到 250~340 ℃，三氟乙酸盐作裂解前驱体，经热分解生成纳米材料。此法可以得到粒径均一、可控、单分散的油溶性纳米晶材料，但是前驱体在空气中不稳定，成本较高，副产物有毒。

溶胶-凝胶法　利用金属醇盐或卤化物为前驱体，经过水解-缩合过程得到纳米粒子。但是这种方法制备的纳米材料其粒径难以控制，而且经高温煅烧后团聚严重，很难用于生物领域。

溶剂热法　也是较为传统的一种方法，采用高沸点有机溶剂(油酸/1-十八烯、油酸/油胺等体系)作溶剂，反应原料在高温下生成晶化程度高的纳米晶。此法可以得到粒径均一、可控、单分散的油溶性纳米晶材料，晶化程度高而不需热后处理。

综上所述，本实验拟采用溶剂热法合成油溶性纳米材料。

2. 水溶性改性的方法

油溶性纳米材料作为荧光探针应用于生物成像，需通过表面功能化的方法使其转变成水溶性的纳米材料。目前，报道的表面功能化的方法有配体交换、配体氧化、层层组装、疏水-疏水相互作用、包硅和主客体相互作用。

配体交换　是纳米材料表面改性的一种重要方法。通常使用与纳米材料配位较强的水溶性配体交换配位作用较弱的油溶性配体。配体交换对纳米材料的化学性质(如形貌和晶相)并没有产生明显的影响。

配体氧化　是一种基于配体发生化学反应，使表面配体从油溶性转化为水溶性，从而实现对纳米材料的表面进行修饰的方法。这种方法通常对纳米材料的形貌、晶相、组分和发光性质没有影响。例如，通过 $KMnO_4$ 和 $NaIO_4$ 氧化剂将纳米材料表面的油酸(OA)配体氧化成壬二酸(AA)，使—COOH 包覆在纳米材料的表面。

层层组装　通过带有相反电荷配体间的静电引力作用，如利用层层组装的方法可以制备 PAH/PSS/PAH 包覆的纳米材料(PAH 表示聚烯丙基胺盐酸盐, PSS 表示聚磺化苯乙烯)。这种层层组装的优点在于它可以包覆不同形貌和尺寸的纳米材料,可以选用不同的配体,也可以控制包覆的层数。

疏水-疏水相互作用　可以将油溶性的纳米材料转换为小分子或亲水性的聚合物包覆的水溶性纳米材料,也是一种重要的表面修饰的方法。例如,OA 包覆的 CaF_2 纳米材料表面,又包覆一层 OA 分子。利用 OA 双分子层的疏水端相互作用,亲水端包覆在纳米材料的外面,制备亲水的纳米材料。

包硅　由于硅是一种生物亲和性很强的材料,所以包硅是一种很受欢迎的表面修饰方法。包硅的方法均适用于包覆油溶性和水溶性纳米材料。利用反相微乳法可以在油溶性的纳米材料表面包覆一层硅层。

主客体相互作用　可以将水溶性的配体组装在油溶性纳米材料的表面,也是一种纳米材料表面改性的重要方法。例如,通过 β-环糊精(β-CD)与纳米材料表面的金刚烷(Ad)配体分子相互作用,将 Ad 包覆的纳米材料转入水相。这种主客体相互作用的方法后处理简单,仅需要搅拌或振荡,反应时间短(< 20 s),转换效率高,可以应用于生物成像中。又如,通过 α-环糊精(α-CD)与 OA 的主客体相互作用,可以实现纳米材料的表面改性(图 2-15)。

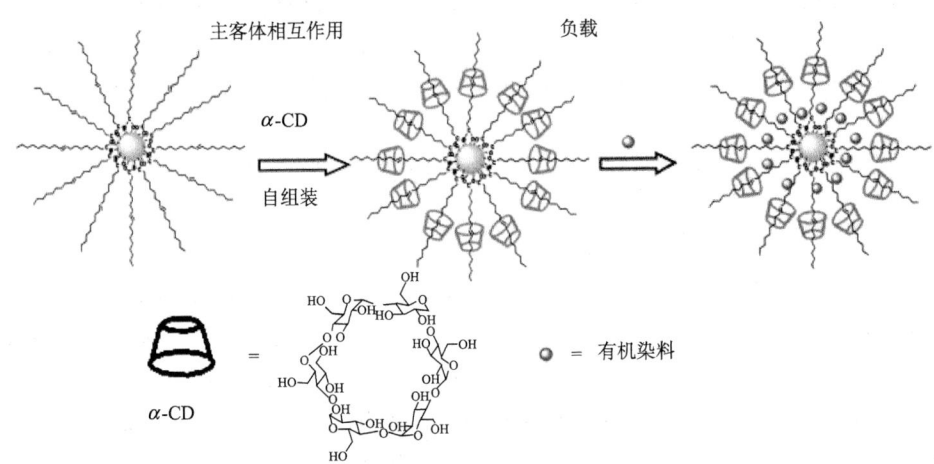

图 2-15　主客体相互作用的方法进行纳米材料水溶性改性的示意图

在以上表面修饰的方法中,包硅是唯一的无机修饰方法。然而,包硅后纳米材料的尺寸往往会增加。另外,较薄的硅层厚度(< 2 nm)通常较难实现。基于主客体相互作用的方法可以保持纳米材料的本身尺寸大小,因此利用主客体相互作用的方法进行纳米材料水溶性改性。

3. 负载有机染料

有机荧光染料是一种广泛使用的荧光指示剂，它提供了比传统的同位素检测更实用、更安全的标记方法，具有检测速度快、重复性好、用样量少、无辐射且可实时处理等优点，在荧光成像、DNA 自动测序、抗体免疫分析、疾病诊断、抗癌药物分析等方面已得到广泛应用。

利用主客体相互作用的方法进行纳米材料水溶性改性的同时，还可以利用 α-CD 与 OA 之间的疏水层负载油溶性的有机染料（图 2-16），从而实现水溶性纳米发光材料的合成。

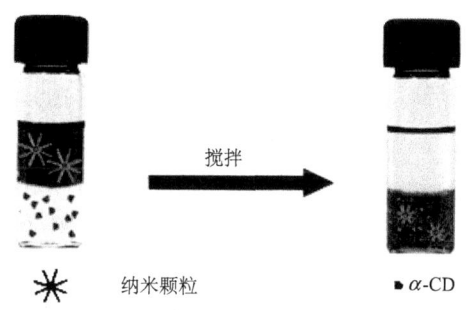

图 2-16 主客体相互作用的方法进行纳米材料水溶性改性的效果图

三、仪器和试剂

仪器：加热套，离心机（12 000 r/min），超声波清洗机，精密电子分析天平，荧光光谱仪冷凝管，100 mL 三颈瓶，氩气气瓶，保干器，1 mL 移液枪及枪头，洗瓶，5 mL 离心管及磁子，记号笔。

试剂：NaOH，NH_4F，α-环糊精，环己烷，无水乙醇，DMSO，油酸，十八烯（>90%），$LuCl_3$（将稀土氧化物 Lu_2O_3，99.999%溶于盐酸并蒸干来制备相应的稀土氯化盐），去离子水，蓝光染料（7-羟基-4-甲基香豆素，最大吸收波长 360 nm，最大荧光波长 450 nm），红光染料（罗丹明 B，最大吸收波长 552 nm，最大荧光波长 610 nm，结构式见图 2-17）。

四、实验步骤

1. 溶剂热法合成油溶性 $NaLuF_4$ 纳米材料

按图 2-18 安装实验装置。称取 $LuCl_3$（1 mmol，281.3 mg）置于装有 12 mL 油酸（OA）和 15 mL 十八烯（ODE）的 100 mL 三颈瓶中，搅拌，混合物加热到 160 ℃

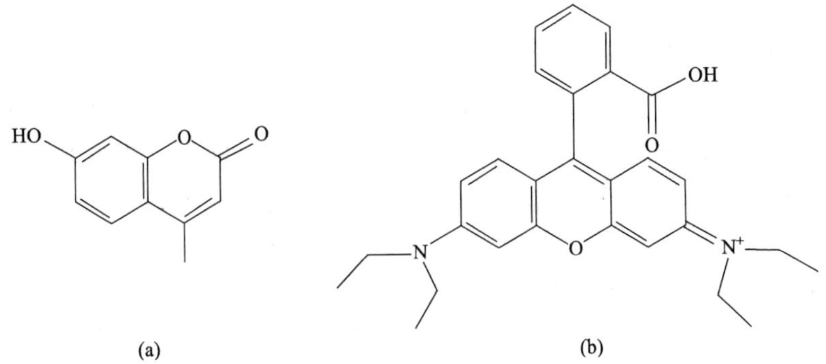

图 2-17　7-羟基-4-甲基香豆素(a)和罗丹明 B(b)的结构式

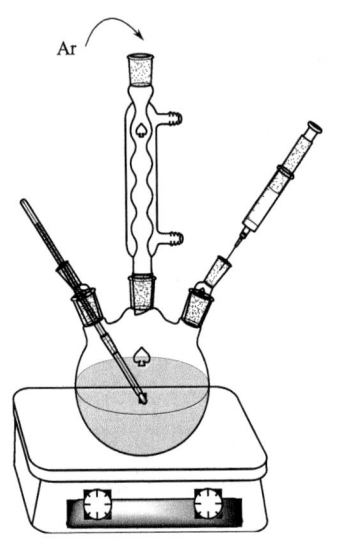

图 2-18　溶剂热反应的实验装置

直至形成澄清的溶液,冷却到室温。然后向体系中加入 NaOH(2.5 mmol, 100 mg)和 NH_4F(4 mmol, 148 mg)搅拌 30 min。抽真空后再充氩气,如此反复三次,在氩气气氛下升温到 300 ℃并保持 1 h。

反应体系冷却后,加入少量环己烷离心分离(每次离心时,对称放置的两个离心管需要称量配平),产物用乙醇超声分散洗涤后离心,反复三次,产物分散在 5 mL 环己烷中,待用。

2. 使用 α-环糊精将油溶性纳米材料转化为水溶性材料

将上述纳米材料(约 20 mg)分散在 2 mL α-环糊精水溶液(10 mg/mL)中,室温下超声 1 min。离心分离,产物用去离子水超声分散洗涤后离心,反复三次,产物分散在 5 mL 水中,待用。

3. 负载有机染料

上述纳米材料水溶液分别与 200 μL 蓝光染料和红光染料的 DMSO 溶液(100 mmol/L)混合,搅拌 1 h(每组选做一种染料)。离心分离,产物用去离子水溶液超声分散洗涤后离心,反复三次,产物分散在 1 mL 去离子水溶液中,待用。

4. 荧光光谱表征

分别将已负载蓝光染料、红光染料的纳米材料分散在水中,测定水溶性发光纳米材料的吸收和发射光谱。

5. 理论计算

通过 Gaussian 程序给出蓝光染料、红光染料的 LUMO 和 HOMO 轨道能级图。

五、数据处理

(1) 分别给出负载蓝光染料、红光染料的复合纳米材料的吸收和发射图谱(用 Origin 作图)，并分别指出吸收/荧光的波长范围、最大吸收/荧光波长。

(2) 使用 Gaussian 程序给出蓝光染料、红光染料的 LUMO 和 HOMO 轨道能级图，并根据能级差计算两种染料的最大吸收波长。

六、思考题

(1) 在溶剂热法合成纳米材料的过程中，影响纳米材料的因素有哪些？
(2) 通过查阅资料，了解表征纳米材料的粒径大小有哪些方法。
(3) 怎样定性地确定纳米材料在表面改性前后的配体种类？
(4) 蓝光染料和红光染料哪种更有利于作荧光探针？说明理由。

(廖 奕 周 晶)

实验 14　葡萄糖电化学生物传感器的制备及表征

一、实验目的

(1) 掌握用葡萄糖氧化酶(GOD)制备葡萄糖电化学生物传感器的方法。
(2) 了解用电化学方法检测葡萄糖的原理。
(3) 学会纳米银的制备方法，了解颜色变化与纳米颗粒大小的关系。
(4) 学会用循环伏安技术表征电极的可逆性。

二、背景知识

生物传感器是一个新兴的也是目前最活跃的电化学和电分析化学的前沿领域，它从 20 世纪 60 年代被提出，并于 80 年代飞速发展。1999 年，IUPAC 对生物传感器的命名和定义提出了建议。生物传感器一般由生物识别元件(bioreceptor)和信号转换器件(transducer)两部分组成：生物识别元件的选择性非常专一，因而可以得到极高的灵敏度；而信号转换器件一般是一个相对独立的化学或物理敏感元件，可通过电化学、光学、热学、压电等多种不同原理进行工作。把具有生物识别功能的基底同高灵敏的信号转换器件结合，就构成了多种多样、千变万化的生物传感器。图 2-19 是电化学生物传感器的工作原理。电化学生物传感器能够使人们从液态、气态甚至是直接从生物体内便捷地得到需要的数据。同时，由于使用生物材料作为传感器的敏感元件，所以电化学生物传感器不仅具有高度选择性，而且是快速、直接获取复杂体系组成信息的理想分析工具。一些研究成果已在生物技术、食品工业、临床检测、医药工业、生物医学、环境分析等多个领域获得实际应用。

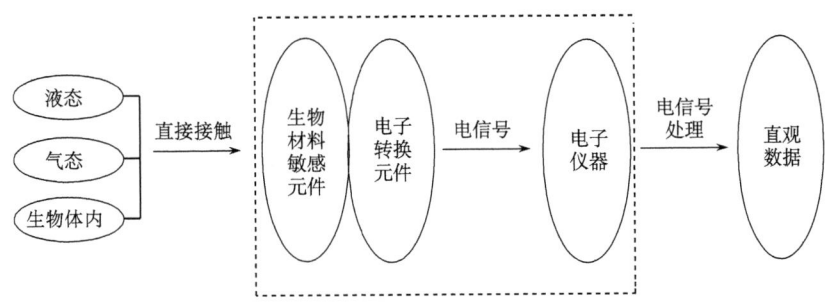

图 2-19　电化学生物传感器的工作原理

虚线框内为电化学生物传感器基本构成示意图

葡萄糖电化学生物传感器是一种利用固定在电极表面的GOD作为识别元件,将葡萄糖的浓度与可测量的电信号关联起来。葡萄糖电化学生物传感器是生物传感器中研究得最多的酶电极传感器,它可以简单、迅速地测定血糖,对糖尿病的诊断和治疗有着非常重要的实际意义。

三、实验原理

葡萄糖电化学生物传感器根据其发展历程分为三代,如图2-20所示。

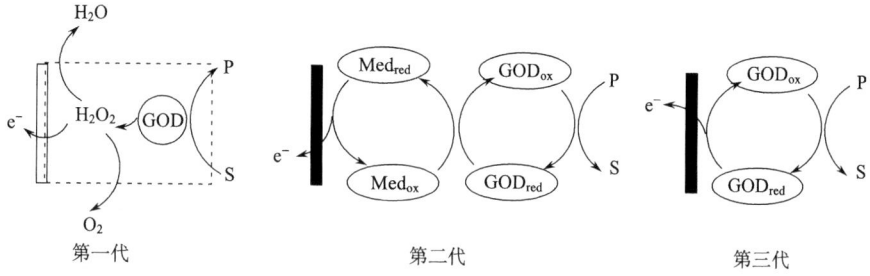

图2-20　历代葡萄糖电化学生物传感器反应过程示意图

第一代葡萄糖电化学生物传感器:通过GOD的天然电子传递体——氧来沟通酶与电极之间的电子通道,直接检测反应底物(葡萄糖)的减少或产物的生成。其响应机理如下:

$$GOD_{ox} + 葡萄糖 \longrightarrow 葡萄糖内酯 + GOD_{red}$$

$$GOD_{red} + O_2 \longrightarrow GOD_{ox} + H_2O_2$$

由于GOD催化葡萄糖时会同时产生H_2O_2,因此可以用氧电极或H_2O_2电极作为基础电极来设计葡萄糖电化学生物传感器。实际上,最早的酶传感器就是Updike设计的葡萄糖电化学生物传感器:利用聚丙烯酰胺凝胶固相酶与氧电极结合,用于葡萄糖的检测,但是由于酶的固定不够牢固,酶发生泄漏,传感器不能长时有效地工作。因此,后来的大量报道都涉及葡萄糖电化学生物传感器的改进研究,内容之一就是如何有效地对GOD进行固定。研究者先后尝试了聚乙烯碳酸酯膜和多孔膜包埋法、重氮化法、牛血清白蛋白(BSA)-多聚甲醛膜法、BSA-戊二醛交联法等,效果均较好,酶活力回收和稳定性都达到实用化要求,其中用BSA-戊二醛交联法固定GOD,传感器可以稳定长达4个月。壳聚糖(CHIT)具有丰富的氨基,因而表现出良好的生物相容性;其在弱酸性条件下呈质子化和良好的水溶性,而pH>6.3时则具有稳定的不溶性,因而表现出优良的成膜能力。因此,CHIT是一种非常合适的用于固定具有生物活性的分子和构建生物传感的基质。

为了避免氧的干扰,许多研究者采用 H_2O_2 电极作为基础电极,其显著优点是:被测体系中葡萄糖的浓度与产生的 H_2O_2 浓度有对应关系,不受血液中氧浓度变化的影响;传感器的输出电流与 H_2O_2 成正比,测定开始时背景电流小,因而响应灵敏度很高。另外,以氧电极作为基础电极时,对葡萄糖的响应是一个电流不断降低的过程,起始电流大,因此检测灵敏度较低。一般来说,二者比较,用 H_2O_2 电极制作的葡萄糖电化学生物传感器的灵敏度可以高 2 个数量级。采用 H_2O_2 电极制作的葡萄糖电化学生物传感器的电极表面反应如下:

$$H_2O_2 \longrightarrow O_2 + 2H^+ + 2e^-$$

第一代葡萄糖电化学生物传感器已经有了各种型号的商品,并在许多国家普遍使用。

本实验采用 CHIT 作为中间介质,通过简单的混合和戊二醛的交联反应将 GOD 固定到铂电极上;通过电流时间曲线检测 H_2O_2,从而检测葡萄糖的浓度。

循环伏安法(cyclic voltammetry)是一种常用的电化学研究方法。该法控制电极电位以不同的速率,随时间以三角波形一次或多次反复扫描,同时测量通过电极的电流,得到动电位扫描曲线,如图 2-21 所示。它的特点是正向扫描时间与负向扫描时间相同,扫描后的电位又回到最初电位。以等腰三角形的脉冲电压加在工作电极上,得到的电流-电压

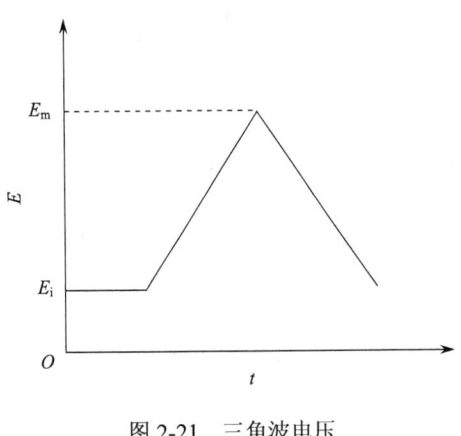

图 2-21 三角波电压

(i-V)曲线包括两个分支,如果前半部分电位向阴极方向扫描,电活性物质在电极上还原,产生还原波;后半部分电位向阳极方向扫描,还原产物又会重新在电极上氧化,产生氧化波。因此,一次三角波扫描,完成一个还原和氧化过程的循环,故该法称为循环伏安法,其电流-电压曲线称为循环伏安图。根据曲线形状可以判断电极反应的可逆程度,中间体、相界吸附或新相形成的可能性,以及偶联化学反应的性质等,常用来测量电极反应参数,判断其控制步骤和反应机理,并观察整个电位扫描范围内可发生哪些反应及其性质。对于一个新的电化学体系,首选的研究方法往往就是循环伏安法,可称之为"电化学的谱图"。本法除了使用汞电极外,还可以用铂电极、金电极、玻碳电极、碳纤维微电极和化学修饰电极等。

工作电极、参比电极和辅助电极构成三电极电解池,工作电极可选用固态或液态电极,如金电极、玻璃石墨电极或悬汞电极、汞膜电极。常用的参比电极有

饱和甘汞电极(SCE)、银-氯化银电极。因此，循环伏安曲线中的电位值都是相对于参比电极而言。辅助电极可选用固态惰性电极，如铂丝或铂片电极、玻碳电极等。电解池中的电解液包括氧化还原体系(常用的浓度范围 10～30 mmol/L)和支持电解质(浓度范围 0.5～1.5 mmol/L)。

在扫描电位范围内，若在某一电位值时出现电流峰，说明在此电位时发生电极反应。若在正向扫描时，电极反应的产物是足够稳定的，且能在电极表面发生电极反应，则在返回扫描时将出现与正向电流峰相反方向的逆向电流峰。典型的循环伏安曲线如图 2-22 所示，i_{pc} 和 i_{pa} 分别表示阴极峰值电流和阳极峰值电流，对应的阴极峰值电位和阳极峰值电位分别为 E_{pc} 和 E_{pa}(p 表示峰值，a 表示阳极，c 表示阴极)。

对研究体系的工作电极施加一个如图 2-21 所示的电位信号：电位 E 随时间呈线性变化，$E=E_i+vt$，$v=dE/dt$ 称为扫描速率。当电位从 E_i 扫至 E_m 后，再反向回扫至 E_i，形成循环。电流响应如图 2-22 所示，电流随电位的变化而逐渐增大，反应速率逐渐加快，当电极表面反应物的浓度由于浓度极化的影响产生浓度差，电极表面反应物的浓度变为零，出现峰值电流 i_p。因此，对于整个循环伏安图，循环一周出现阴极峰值电流 i_{pc} 和阳极峰值电流 i_{pa}；与之对应的电位称为峰电位。这是循环伏安法测定最重要的参数。典型的循环伏安结果如图 2-23 所示。

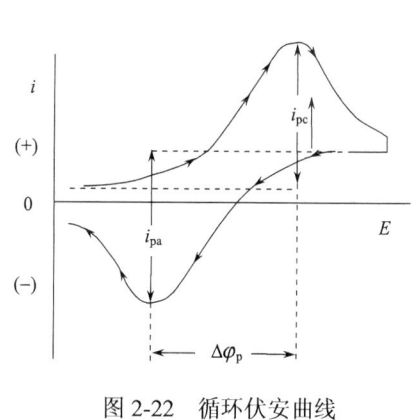

图 2-22　循环伏安曲线

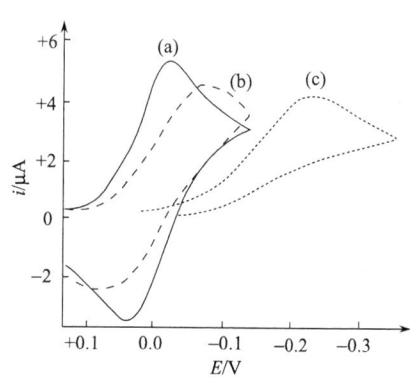

图 2-23　典型的循环伏安结果
(a)可逆；(b)准可逆；(c)不可逆

循环伏安法是一种很有用的电化学研究方法，可用于电极反应的性质、机理和电极过程动力学参数的研究。但该法很少用于定量分析。

(1)电极可逆性的判断。循环伏安法中电压的扫描过程包括阴极与阳极两个方向，因此根据循环伏安曲线中氧化波和还原波的峰高和对称性可判断电活性物质在电极表面反应的可逆程度。若反应是可逆的，则曲线上下对称；若反应不可逆，则曲线上下不对称。

(2) 电极反应机理的判断。循环伏安法还可研究电极吸附现象、电化学反应产物、电化学-化学偶联反应等，对于研究有机化合物、有机金属化合物及生物物质的氧化还原机理很有用。

四、仪器和试剂

仪器：温控磁力搅拌器，电化学工作站，超声波清洗机，旋涡振荡仪，移液枪，电子天平。

试剂：$Na_2HPO_4 \cdot 12H_2O$(A. R.)，$NaH_2PO_4 \cdot 2H_2O$(A. R.)，NaCl(A. R.)，葡萄糖(A. R.)，CHIT(A.R.，配制方法见表 2-2)，戊二醛水溶液(2.5%，质量分数)，铁氰化钾(A. R.)，亚铁氰化钾(A. R.)，氯化钾(A. R.)，洗液(浓硫酸+重铬酸钾)，葡萄糖氧化酶，硝酸银，柠檬酸钠，硼氢化钠，过氧化氢。

表 2-2　实验中使用的主要溶液的配制方法

溶液名称	配制方法
PBS 缓冲液 (10 mmol/L，pH 6.84)	2.26 mmol/L $NaH_2PO_4 \cdot 2H_2O$，7.74 mmol/L $Na_2HPO_4 \cdot 12H_2O$， 0.15 mol/L NaCl
CHIT 溶液	1.0%(质量分数)，配制时采用的乙酸浓度为 0.0833 mol/L

五、实验步骤

1. 处理电极

将铂电极放在配好的洗液中，超声清洗 10 min，用去离子水冲干净后再放入去离子水中超声清洗 10 min，用冷风吹干。

将处理好的电极插入装有 $K_4Fe(CN)_6$ 和 KCl 溶液的三电极电解池中。进行参数设定，扫描速率为 50 mV/s，起始电位为 –0.2 V，终止电位为 +0.8 V。开始循环伏安扫描，记录循环伏安图。

2. 制备酶电极

将 2 mg GOD 加入装有 1 mL CHIT 溶液和 0.02 mL 戊二醛水溶液(2.5%，质量分数)的试剂管中。将上述混合物用旋涡振荡仪振荡 5 min 使其混合均匀。然后将处理好的铂电极插入混合物中 30 s，用冷风吹干，从而制得酶电极。

3. 电化学测量

将制备好的酶电极放入装有 10 mL PBS 缓冲液的电解池中，传统的三电极系统：一根铂丝电极作为辅助电极，KCl 饱和的 Hg/Hg$_2$Cl$_2$ 电极（SCE）作为参比电极，酶电极作为工作电极。

电化学测量环境：选择计时电流方法，恒电位(+0.55 V)，支持电解质(PBS 缓冲液：0.1 mol/L，pH 6.84)，恒温(38 ℃)；测试时间为 3000 s。

在电解池中加入 10 mL PBS 缓冲液，在背景电流达到恒定的情况下，依次加入 10 μL 2 mol/L 葡萄糖溶液，直至电流变化很小后停止加入，记录加入这些溶液时的电流变化。

固定在电极上的 GOD 的催化性能是通过测量酶电极对葡萄糖的电流响应得到的。

4. 银纳米颗粒的制备

本实验通过溶胶-凝胶法制备银纳米颗粒。首先，依次配制 2 mmol/L 硝酸银溶液 50 mL、30 mmol/L 柠檬酸钠水溶液 50 mL、100 mmol/L 硼氢化钠水溶液 50 mL。然后向锥形瓶中加入 100 mL 蒸馏水并将其放置在磁力搅拌器上，依次加入 5 mL 硝酸银溶液、6 mL 柠檬酸钠溶液和 240 μL 过氧化氢溶液(30%，质量分数)，在室温下搅拌均匀。最后快速加入 400 μL 硼氢化钠溶液，仔细观察混合溶液的颜色变化。5 min 后停止搅拌，将锥形瓶中的溶液转移到离心管，在 15 000 r/min 的转速下离心 1 h，用滴管移除离心管中的上清液，将离心管底部聚集沉降的银纳米颗粒用蒸馏水反复清洗 3~5 次，然后将其再次分散在少量水溶液中，得到浓缩的纳米银悬浮液。

5. 制备纳米银酶电极

将 0.06 mL GOD 溶液(10 mg/mL)和 0.12 mL 纳米银悬浮液在小试管中充分摇匀，随后依次加入 0.8 mL CHIT 水溶液、0.02 mL 戊二醛水溶液(2.5%，质量分数)。将该试管用旋涡振荡仪振荡 3 min 使其混合均匀。然后将铂丝电极插入混合液，30 s 后取出，用冷风吹干，得到纳米银修饰的酶电极。

6. 电化学测量

参考前面酶电极和电化学工作站的使用方法，利用该电极对葡萄糖再次进行电化学检测。

六、数据处理

(1) 在得到的循环伏安曲线上找出峰电流和峰电位。写出阳、阴极反应的方程式。用不同扫描速率的阳极峰电流对扫描速率 $v_i^{1/2}$ 作图，并对图形结果进行分析。

(2) 通过加入葡萄糖溶液在 0.55 V 的电流响应，简单分析该传感器的反应机理。

(3) 定量说明电流改变与葡萄糖浓度的关系,用实验图绘出葡萄糖浓度和响应电流图,并从图中找出米氏常数。

(4) 分析米氏常数的大小对传感器的影响;找出该传感器的线性范围、灵敏度,并与已有文献值比较。

七、注意事项

(1) 实验仪器要清洁。

(2) 移液枪的枪头不能混用。

(3) 加入溶液时不要碰到其他电极。

八、思考题

(1) 通过检测和查阅文献,如何改进实验能提高这种葡萄糖传感器的检测灵敏度?

(2) 试说出其他葡萄糖的检测方法。

(3) 这种制备传感器的方法还能制备其他类似的传感器吗?请举例说明。

(4) 研究 $K_4Fe(CN)_6$ 的电化学行为时,为什么在溶液中加入 1 mol/L KCl?

参 考 文 献

董绍俊, 车广礼, 谢远武. 2003. 化学修饰电极(修订版). 北京: 科学出版社: 501.

汪海燕, 吴蓉, 金葆康. 2009. 纳米金葡萄糖氧化酶修饰金电极对葡萄糖的电化学行为研究. 分析科学学报, 1: (25) 51-54.

Shi W T, Ma Z F. 2010. Amperometric glucose biosensor based on a triangular silver nanoprisms/ chitosan composite film as immobilization matrix. Biosensors and Bioelectronics, 26: 1098-1103.

Zhang Q, Li N, Goebl J, et al. 2011. A systematic study of the synthesis of silver nanoplates: is citrate a "magic" reagent? Journal of the American Chemical Society, 133: 18931-18939.

(廖 清　韩天宇)

实验 15 从废塑料中提取对苯二甲酸及其应用

一、实验目的

(1) 掌握化学解聚 PET 塑料瓶的原理及方法，增强环保意识。
(2) 掌握回流、减压蒸馏和抽滤等操作及 MOFs 的合成方法。
(3) 掌握红外光谱、热重分析等分析方法。

二、实验原理

聚对苯二甲酸乙二醇酯(PET)是由对苯二甲酸和乙二醇聚合而成的一种饱和高聚酯，是市场上碳酸饮料瓶的主要制作材质。PET 本身不会对环境和人体产生直接危害，但它具有相当大的空间占有量和难降解性，对环境造成"白色污染"。对苯二甲酸是聚酯合成及制造聚酯纤维、涂料、薄膜、工程塑料的重要有机原料，但其传统合成方法的反应条件较高，且所用的溶剂、催化剂对环境有污染。因此，利用废 PET 塑料瓶回收对苯二甲酸，既可以减少环境污染，又可以制备重要的化工中间体。MOFs 是一种基于对苯二甲酸的多孔材料，因其具有高比表面积、稳定的骨架结构等优良特性，引起了人们广泛的研究兴趣。MOFs 在催化、分离、吸附等领域具有巨大的潜在应用价值。本实验主要采用从废 PET 塑料瓶中回收提取的对苯二甲酸合成 MOFs，该实验囊括有机化学实验分解提取、分析化学实验红外光谱检测、无机化学实验 MOFs 合成，以及物理化学实验热重分析，能很好地体现综合化学实验的特点。

本实验涉及的主要操作包括：回流，减压蒸馏，抽滤，红外光谱测定，热重分析。

三、仪器和试剂

仪器：100 mL 三颈瓶，球形冷凝管，克氏蒸馏头，空气冷凝管，温度计，接收瓶，抽滤装置，烧杯，电热套，磁力搅拌器，热重分析仪，红外光谱仪。

试剂：PET 塑料瓶，碳酸氢钠，氧化锌，乙二醇，盐酸(浓盐酸经 1∶1 稀释)，N,N-二甲基甲酰胺(DMF)，乙醇，$Zn(NO_3)_2 \cdot 6H_2O$，三乙胺。

四、实验步骤

1. 从 PET 塑料瓶中提取对苯二甲酸

在 100 mL 三颈瓶中加入 5.0 g 处理好的废塑料瓶碎片、0.05 g 氧化锌、5.0 g 碳酸氢钠和 25 mL 乙二醇。安装回流装置，缓慢搅拌，温度在 10 min 内迅速上升至 130 ℃。继续升温反应，温度达到 180 ℃后保持恒温反应 15 min。撤火冷却至 160 ℃时停止搅拌，将回流装置改为减压蒸馏装置。微热蒸出乙二醇。其中减压蒸馏系统内气压约为 38 mmHg(5066 Pa)。15 min 后撤火，解除真空，向三颈瓶中加入 50 mL 沸水，搅拌使白色固体溶解，溶液温度恒定在 60 ℃。5 min 后拆除装置，用抽滤装置滤去少量不溶残渣。残渣和三颈瓶用 25 mL 热水洗涤三次。滤液转移至 500 mL 烧杯中，加入少量水使体积达到 200 mL，加入两粒沸石，将烧杯置于石棉网上加热煮沸。溶液沸腾后取下烧杯，取出沸石，趁热边搅拌边加入 10 mL 1∶1 盐酸酸化。酸化后的白色稠浆状液体用冷水浴冷却。冷却至室温后再用抽滤装置抽滤。滤饼用少量蒸馏水洗涤三次。滤饼用烘箱 135 ℃烘干，称量。

2. MOF(Zn)的合成

将 0.34 g(0.002 mol)对苯二甲酸、1.21 g(0.004 mol) $Zn(NO_3)_2·6H_2O$、40 mL N,N-二甲基甲酰胺、1.6 g(0.016 mol) 三乙胺加入 100 mL 单颈烧瓶中，室温下搅拌 2 h，反应结束后将 DMF 去除，称量。将产品进行热重分析。

五、注意事项

(1) 为了培养学生良好的实验习惯，更好地保护实验仪器，每位学生在实验前清点仪器，实验结束归还仪器。所有仪器要清洁；滴液漏斗和分液漏斗的塞子要拴好绳、垫好纸，以防塞子配错、打坏和粘连。

(2) 验收仪器时，若发现缺少和破损，应立即补齐或更换。

(3) 本实验反应时间较长，若学生需中途离开(吃饭等)，必须关闭仪器，或者委托同学照看，责任到人。严禁仪器设备在无人看管情况下自行开动。

(郑婷婷 王 前)

实验 16　聚乙烯醇/TiO_2 纳米复合薄膜的制备与光催化性能表征

一、实验目的

(1) 掌握水热法制备 TiO_2 纳米粒子。
(2) 学习利用溶液涂膜法制备聚合物复合薄膜。
(3) 理解光催化反应机理。

二、实验原理

21 世纪人类面临的最大课题是能源和环境问题,环境污染和能源短缺是当前人类亟需解决的重大挑战,也是我国实施可持续发展战略要优先考虑的重大课题。利用太阳能解决全球性的能源和环境问题越来越受到人们的重视。光催化可以将低密度的太阳光能转化为高密度的化学能、电能,同时可以直接利用低密度的太阳光降解和矿化水和空气中的各种有机污染物。因此,光催化技术在环境净化和新能源开发方面具有巨大的潜力。利用光催化可以实现不能通过热反应得到的化学反应,通过光强、光吸收波长可控制反应速率和选择性。这一方法可在室温下充分利用太阳光,具有低成本、无污染的优点,对于从根本上解决环境污染和能源短缺问题具有不可估量的意义。聚合物/无机半导体纳米复合材料通过结构复合、功能复合,兼具聚合物的设计多样性、柔性、易加工性和无机半导体材料的高载流子迁移率、高稳定性的优点,并往往产生协同效应,因此被认为是信息和能源未来发展的关键材料之一。

二氧化钛(TiO_2)是一种 n 型(电子导电型)半导体氧化物,在半导体化合物的原子或分子轨道中具有空的能量区域,这个空能区由充满电子的价带顶(价带缘)一直伸展到空的导带底(导带缘),称为禁带宽度或带隙能(E_g),E_g 在数值上等于导带与价带的能级差。TiO_2 的禁带宽度为 3.2 eV,对应的光吸收波长阈值为 387.5 nm。当用光照射半导体化合物时,并非任何波长的光都能被吸收和产生激发作用,只有光子能量大于等于带隙能量才能引起电子跃迁,形成导带电子(e^-)和价带空穴(h^+)(图 2-24)。

其中,价带空穴是较强的氧化物种,而导带电子是较强的还原物种。价带空穴迁移至表面后与 TiO_2 表面的羟基和吸附的水分子发生氧化反应生成羟基自由基,而导带电子与氧气发生还原反应并最终生成过氧自由基,主要的反应式如下:

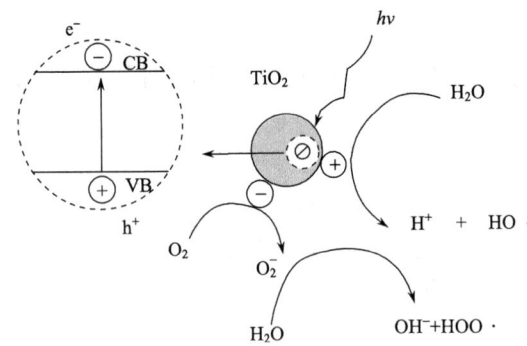

图 2-24　TiO_2 光催化机理

$$TiO_2 + h\nu \longrightarrow e^- + h^+$$

$$HO^- + h^+ \longrightarrow HO\cdot$$

$$H_2O + h^+ \longrightarrow HO\cdot + H^+$$

$$O_2 + e^- \longrightarrow O_2^-$$

$$O_2^- + H_2O \longrightarrow HOO\cdot + HO^-$$

迁移到表面的光致电子和空穴如果没有与适当的电子和空穴捕获剂作用，储备的能量在几微秒内就会复合而耗掉。因此，在光催化反应过程中，抑制 e^-/h^+ 对的重新复合是关键，对提高光催化活性至关重要。从 Fujishima 和 Honda 发现半导体氧化物 TiO_2 光解水以来，依据光激发半导体产生电子和空穴对分解和矿化有机污染物得到了广泛的关注和应用，可望发展成为直接利用太阳光降解有毒污染物的高级氧化技术。但是，TiO_2 光催化剂要实现真正的应用仍受各种条件的制约。例如，TiO_2 的禁带宽度为 3.2 eV，对应的激发波长为 380 nm，属于紫外光区，而紫外光在太阳光中的比例不足 5%，因此如何利用可见光激发是目前 TiO_2 光催化剂最具挑战性的课题。

另外，从实际应用的角度看，如何将其从实际应用体系中分离出来，实现多次重复循环使用，引起越来越多的关注。人们采用各种基质材料来负载 TiO_2 光催化剂，包括活性炭、硅胶、沸石等。然而，这些无机基质材料往往会对光形成遮蔽，降低了光的利用率。为了扩展 TiO_2 光催化剂的应用领域，近年来人们利用饱和的碳链聚合物或含氟聚合物等具有较强抗光氧化能力的树脂基体作为纳米 TiO_2 的载体，用于抗菌、自清洁等应用领域。例如，利用微乳液聚合方法制备纳米 TiO_2 包覆的聚苯乙烯(PS)杂化微球，研究发现，杂化体系中聚合物对 TiO_2 的结晶及表面光电性能均有影响。表面光电压测试表明，杂化微球的带隙高于纯

TiO$_2$，为 3.2~3.4 eV，并且强度是纯 TiO$_2$ 的 3 倍。Langlet 等利用溶胶-凝胶法在聚碳酸酯(PC)和聚甲基丙烯酸甲酯(PMMA)基质上沉积得到 TiO$_2$ 薄膜，利用该法得到的光催化剂具有紫外光利用率高、光催化效率高的优点，为制备自清洁聚合物纳米复合材料提供了可行性。最近，香港理工大学学者在酸性溶液中水解钛酸四异丙酯制备 TiO$_2$ 溶胶，然后采用浸渍烘干固化工艺(dip-pad-dry-cure)过程在棉纤维表面涂覆透明的纳米 TiO$_2$ 薄层，采用该法处理的棉纤维具有光催化特性，在紫外光照射下能够有效去除污渍。通常 TiO$_2$ 光催化剂粉末分散到水中形成悬浮液，回收困难，循环使用的成本增加。本实验将 TiO$_2$ 光催化剂与聚合物薄膜复合，不但可以保证 TiO$_2$ 光催化剂的可见光响应特性，同时回收容易，具有优异的循环使用特性。

三、仪器和试剂

仪器：量筒，锥形瓶，分析天平，烧杯，水热反应釜，电热套，磁力搅拌器，紫外-可见分光光度计。

试剂：三氟乙酸，钛酸四正丁酯，聚乙烯醇(PVA)，甲基橙。

四、实验步骤

1. 干凝胶的制备

量取 15 mL 钛酸四正丁酯，缓慢加入 15 mL 三氟乙酸中，冰水浴反应 2 h 后，将产物转移到培养皿中，挥发溶剂，室温干燥 3 天，收集得到的固体干凝胶。

2. 聚乙烯醇的溶解

称取 0.5 g 聚乙烯醇，加入 20 mL 去离子水，放入电热套内，升温至 90 ℃，磁力搅拌 2 h，使其完全溶解，得到透明溶液，冷却后待用。

3. 聚乙烯醇-干凝胶混合溶液的制备

称取 0.5 g 干凝胶，加入 20 mL 去离子水，磁力搅拌，得到透明溶液。然后，将干凝胶溶液缓慢倒入冷却至室温的聚乙烯醇溶液中，室温搅拌 10 min，使其混合均匀。

4. 高压水热法制备聚乙烯醇/TiO$_2$ 纳米复合薄膜

将混合均匀的溶液转移到带聚四氟乙烯内衬的高压水热反应釜中，在烘箱内 150 ℃ 水热处理 2.5 h。取出冷却至室温，将混合溶液倾倒在塑料板或铝箔上，待溶剂挥发完全后得到透明的聚乙烯醇/TiO$_2$ 纳米复合薄膜。

5. 聚乙烯醇/TiO$_2$ 纳米复合薄膜光催化活性表征

裁剪面积约为 50 cm^2（7 cm×7 cm）的复合薄膜，放入装有 50 mL 15 mg/L 甲基橙溶液的锥形瓶内，采用室外太阳光为光源，以此浓度为甲基橙光催化降解起始浓度，每隔 15 min 取一次样，每次取 2.5 mL，用 756 型紫外-可见分光光度计测定甲基橙溶液在最大吸收波长 465 nm 处的吸光度。

6. 聚乙烯醇/TiO$_2$ 纳米复合薄膜循环使用光催化活性表征

光降解完毕后，将复合薄膜取出，重新放入 50 mL 15 mg/L 甲基橙溶液中，依次进行第二次、第三次、第四次循环实验。

五、注意事项

(1) 在合成干凝胶时需注意以下几点：①为防止三氟乙酸挥发，应在通风橱中冰水浴的条件下进行；②滴加时，为了使两种溶液充分反应，应逐滴滴加；③滴加完毕时，应及时迅速将锥形瓶盖盖紧。

(2) 将 PVA 和干凝胶混合时，应保证 PVA 已经降到室温，并且缓慢滴加会使混合更加均匀。

六、思考题

(1) 为什么干凝胶与聚乙烯醇可以得到均匀的溶液？二者之间存在哪些可能的相互作用？

(2) 光催化降解速率与哪些因素有关？

(3) 根据实验原理，设计可以提高 TiO$_2$ 光催化剂活性的有效策略。

（孟祥福）

实验 17 钴(Ⅲ)配合物及其异构体的制备及表征

一、实验目的

(1) 掌握制备配合物最常用的方法——水溶液中的取代反应和氧化还原反应，了解其基本原理和方法。

(2) 了解确定配合物定性组成的一般方法和电导率仪的使用方法。

(3) 通过[Co(NH$_3$)$_5$NO$_2$]Cl$_2$ 和[Co(NH$_3$)$_5$ONO]Cl$_2$ 的制备，了解配合物的键合异构现象。

(4) 利用配合物的红外光谱图鉴别这两种不同的键合异构体。

(5) 采用不同溶剂挥发法和扩散法尝试培养单晶。

(6) 初步尝试利用 X 射线粉末衍射测试晶体的基本参数，并了解 X 射线单晶衍射测试单晶结构的方法。

二、实验原理

1. 配合物制备原理

Co(Ⅱ)的配合物能很快地进行取代反应(是活性的)，而 Co(Ⅲ)配合物的取代反应则很慢(是惰性的)。Co(Ⅲ)配合物的制备过程如下：通过 Co(Ⅱ)(实际上是它的水合配合物)和配体之间的一种快速反应生成 Co(Ⅱ)配合物，然后将其氧化为相应的 Co(Ⅲ)配合物(配位数均为 6)。

常见的 Co(Ⅲ)配合物有[Co(NH$_3$)$_6$]$^{3+}$(黄色)、[Co(NH$_3$)$_5$H$_2$O]$^{3+}$(粉红色)、[Co(NH$_3$)$_5$Cl]$^{2+}$(紫红色)、[Co(NH$_3$)$_4$CO$_3$]$^+$(紫红色)、[Co(NH$_3$)$_3$(NO$_2$)$_3$](黄色)、[Co(CN)$_6$]$^{3-}$(紫色)、[Co(NO$_2$)$_6$]$^{3-}$(黄色)。

通常情况下二价钴比较稳定，但形成氨配合物后，由于三价钴与氨的稳定常数更大，电位发生较大变化，Co(Ⅱ)氨配合物易被氧化为 Co(Ⅲ)氨配合物。根据制备条件的不同，Co(Ⅲ)与氨形成多种配合物，主要有

三氯化六氨合钴(Ⅲ)	[Co(NH$_3$)$_6$]Cl$_3$	(橙黄色晶体)
三氯化一水五氨合钴(Ⅲ)	[Co(NH$_3$)$_5$H$_2$O]Cl$_3$	(砖红色晶体)
二氯化一氯五氨合钴(Ⅲ)	[Co(NH$_3$)$_5$Cl]Cl$_2$	(紫红色晶体)

氯化钴(Ⅱ)氨配合物在空气中被氧化，不加催化剂主要生成紫红色的[Co(NH$_3$)$_5$Cl]Cl$_2$，反应式如下：

$$4CoCl_2 + 16NH_3 + 4NH_4Cl + O_2 \rightleftharpoons 4[Co(NH_3)_5Cl]Cl_2 + 2H_2O$$

然而，当有催化剂存在时，被空气氧化的产物为橙黄色的[Co(NH$_3$)$_6$]Cl$_3$，反应式如下：

$$4CoCl_2 + 20NH_3 + 4NH_4Cl + O_2 =\!\!=\!\!= 4[Co(NH_3)_6]Cl_3 + 2H_2O$$

若催化剂是活性炭，采用 H_2O_2 作氧化剂，被氧化的产物也是橙黄色的 $[Co(NH_3)_6]Cl_3$，反应式如下：

$$2CoCl_2 + 10NH_3 + 2NH_4Cl + H_2O_2 =\!\!=\!\!= 2[Co(NH_3)_6]Cl_3 + 2H_2O$$

当没有催化剂活性炭时，通常发生取代反应，即六配位氨合物中的氨分子易被其他基团取代而得到$[Co(NH_3)_5Cl]Cl_2$。

本实验从 $CoCl_2$ 开始不加催化剂，使用 H_2O_2 作为氧化剂，首先制备得到 $[Co(NH_3)_5Cl]Cl_2$。然后以此为原料，在不同条件下，利用 $NaNO_2$ 的亚硝基发生取代反应，制备得到两个键合异构体：$[Co(NH_3)_5NO_2]Cl_2$ 和 $[Co(NH_3)_5ONO]Cl_2$，其中$[Co(NH_3)_5NO_2]Cl_2$ 称为二氯化一硝基五氨合钴(Ⅲ)，而$[Co(NH_3)_5ONO]Cl_2$ 称为二氯化一亚硝酸根五氨合钴(Ⅲ)。

2. 组成测定

(1) 用化学分析方法确定某化合物的组成，通常先确定配合物的外界，然后将配离子破坏再来看其内界。通常可用加热或改变溶液酸碱性的方法来破坏它。本实验是初步推断，一般用定性、半定量甚至估量的分析方法。

鉴定 Co^{2+}，其反应式如下：

$$Co^{2+} + 4SCN^- =\!\!=\!\!= [Co(NCS)_4]^{2-}$$

游离的 NH_4^+ 可由奈氏试剂鉴定：

$$NH_4^+ + 2[HgI_4]^{2-} + 4OH^- =\!\!=\!\!= [OHg_2NH_2]I\downarrow + 7I^- + 3H_2O$$

游离的氯离子可由硝酸银鉴定：

$$Ag^+ + Cl^- =\!\!=\!\!= AgCl\downarrow$$

(2) 测量电导率可确定配合物电离出来的离子数，从而确定配合物外界和内界的组成比例。相关原理参见实验 1 的"实验原理"。

3. 红外光谱法在鉴定键合异构体上的应用

键合异构体是配合物异构现象中的一个重要类型。配合物的键合异构体是指相同的配体以不同的配位方式形成的多种配合物。在这类配合物中，配合物的化学式相同，中心原子与配体及配位数也相同，只是与中心原子键合的配体的配位原子不同。当配体中有两个不同的原子都可以作为配位原子时，配体可以不同的配位原子与中心原子键合而生成键合异构体，如本实验中合成的 $[Co(NH_3)_5NO_2]Cl_2$ 和 $[Co(NH_3)_5ONO]Cl_2$ 就是一例。当亚硝酸根离子通过氧原子与中心原子配位(M←ONO)时形成的配合物称为亚硝酸根配合物，而以氮原子与中心原子配位(M←NO_2)时形成的配合物称为硝基配合物。

红外光谱法是测定配合物键合异构体的有效方法。分子或基团的振动导致相结合原子间的偶极矩发生改变时，它就可以吸收相应频率的红外辐射而产生对应的红外吸收光谱。分子或基团内键合原子间的特征吸收频率 ν 受其相对原子质量和键的力常数等因素影响，可用下式表示：

$$\nu = \frac{1}{2\pi c}\sqrt{\frac{k}{\mu}}$$

式中，ν 为频率，k 为基团的化学键力常数，μ 为基团中成键原子的折合质量，$\mu=m_1m_2/(m_1+m_2)$，m_1 和 m_2 分别为相键合的两原子的各自的相对原子质量。由上式可知，基团的化学键力常数越大，折合质量越小，则基团的特征频率就越高；反之，基团的力常数越小，折合质量越大，则基团的特征频率就越低。当基团与金属离子形成配合物时，配位键的形成不仅引起金属离子与配位原子之间的振动（称为配合物的骨架振动），还将影响配体内原来基团的特征频率。配合物的骨架振动直接反映配位键的特性和强度，这样就可以通过骨架振动的测定直接研究配合物的配位键性质。但是，由于配合物中心原子的质量都比较大，即折合质量一般都大，而且配位键的力常数较小，则 k 值较小，因此这种配位键的振动频率都很低，一般出现在 200~500 cm^{-1} 的低频范围，这给研究配位键带来很多的困难。然而由于配合物的形成，配体中的配位原子与中心原子的配位作用会改变整个配体的对称性和配体中某些原子的电子云分布，同时还可能使配体的构型发生变化，这些因素都能引起配体特征频率的变化。利用配位体特征频率的变化所得到的红外光谱图，便可研究配位键的性质。

本实验是通过测定 $[Co(NH_3)_5NO_2]Cl_2$ 和 $[Co(NH_3)_5ONO]Cl_2$ 配合物的红外光谱，利用它们的谱图可以识别哪一个配合物是通过氮原子配位的硝基配合物，哪一个是通过氧原子配位的亚硝酸根配合物。亚硝酸根离子(NO_2^-)中的 N 或 O 原子与 Co^{3+} 配位时，对 N—O 键特征频率的影响是不同的，当 NO_2^- 以 N 原子配位形成 $Co^{3+} \leftarrow NO_2$ 时，N 给出电荷，使 N—O 键力常数减弱，因为 NO_2^- 本身结构是对称的，两个 N—O 键是等价的，则两个 N—O 键力常数的减弱是平均分配的，由于键力常数的减弱，N—O 键的伸缩振动频率降低，在 1428 cm^{-1} 左右出现特征吸收峰；当 NO_2^- 以 O 原子配位时，两个 N—O 键不等价，配位的 O—N 键力常数减弱，其特征吸收峰出现在 1065 cm^{-1} 附近，而另一个没有配位的 O—N 键力常数比 N 配位时的 N—O 键力常数大，故在 1468 cm^{-1} 出现特征吸收峰。因此，一旦确定了两个配合物红外谱图上的 N—O 特征峰，就可以很容易地断定出 N—O 键伸缩振动频率最高的一个配合物是 $[Co(NH_3)_5ONO]Cl_2$，另一个则是 $[Co(NH_3)_5NO_2]Cl_2$，其 N—O 键的伸缩振动频率小。用比较法可断定红外光谱图上哪些峰与哪些基团有关。例如，$[Co(NH_3)_5Cl]Cl_2$ 的红外光谱图上有 4 个峰，既然配位键的特征吸收峰一般在远红外区 200～500 cm^{-1}，就可以认为 [Co(NH$_3$)$_5$NO$_2$]Cl$_2$ 的红外光谱图上 600～4000 cm^{-1} 的峰是 N—H 引起的。比较 [Co(NH$_3$)$_5$Cl]Cl$_2$ 与[Co(NH$_3$)$_5$NO$_2$]Cl$_2$、[Co(NH$_3$)$_5$ONO]Cl$_2$ 的红外光谱图可知，它们共有的峰为 N—H 引起的，多的峰即为 N—O 引起的，其中有一个 N—O 吸收峰值大(在 1468 cm^{-1} 处)的红外光谱图一定是[Co(NH$_3$)$_5$ONO]Cl$_2$ 的图谱。

三、仪器和试剂

仪器：红外光谱仪，100 mL、250 mL 烧杯，布氏漏斗，250 mL 抽滤瓶，温度计(-20～150 ℃)，循环水流抽气泵，50 mL 量筒，长颈漏斗。

试剂：氨水(C.P.)，乙醇(C.P.)，盐酸，丙酮(C.P.)，亚硝酸钠(C.P.)，氯化铵(C.P.)，30% H$_2$O$_2$(C.P.)，pH 试纸(pH=1～14)，CoCl$_2$·6H$_2$O(C.P.)。

四、实验步骤

(1) [Co(NH$_3$)$_5$Cl]Cl$_2$ 的制备。称取 4.2 g NH$_4$Cl 固体放于 250 mL 烧杯内，加入 25 mL 浓氨水使其溶解，在不断搅拌下，将 8.5 g 研细的 CoCl$_2$·6H$_2$O 分若干次加入上述溶液中(应在前一份钴盐溶解后再加入下一份)，发生如下反应：

$$CoCl_2 + 2NH_4Cl + 4NH_3 = [Co(NH_3)_6]Cl_2\downarrow + 2HCl$$

黄红色的[Co(NH$_3$)$_6$]Cl$_2$ 晶体从溶液中析出，同时放出热量。

将 CoCl$_2$ 加入 NH$_3$-NH$_4$Cl 溶液中，一方面是为了降低 OH$^-$浓度，防止生成 Co(OH)$_2$ 沉淀；另一方面也为反应提供 Cl$^-$。

以下操作应在通风橱中进行。在不断搅拌下，慢慢滴入 7 mL 30% H$_2$O$_2$，反应结束时生成粉红色的[Co(NH$_3$)$_5$H$_2$O]Cl$_3$ 溶液，反应式如下：

$$2[Co(NH_3)_6]Cl_2(s) + H_2O_2 + 4HCl = 2[Co(NH_3)_5H_2O]Cl_3 + 2NH_4Cl$$

再向此溶液中慢慢加入 25 mL 浓盐酸。在加入 HCl 过程中，反应的温度升高，并有紫红色沉淀[Co(NH$_3$)$_5$Cl]Cl$_2$ 产生：

$$[Co(NH_3)_5H_2O]^{3+} + 3HCl = [Co(NH_3)_5Cl]Cl_2\downarrow + H_2O + 3H^+$$

将反应后的混合物放在蒸气浴上加热 10 min，冷却到室温，抽滤，用总量为 20 mL 冰水洗涤沉淀数次，然后用等体积冰冷的 6 mol/L HCl 洗涤，再用少量无水乙醇洗涤一次，最后用丙酮洗涤一次，在 97～120 ℃烘干 1～2 h 或用红外灯干燥。

(2) [Co(NH$_3$)$_5$Cl]Cl$_2$ 组成的确定(自主设计实验部分)。

a. 测试溶液的酸碱性。取少量配合物固体于试管中，加入适量水溶解，使用 pH 试纸测试酸碱性。

b. 利用硝酸银先测外界有无 Cl$^-$；离心过滤后，加入硝酸破坏内界，再用硝

酸银测内界有无 Cl^-。

c. 检验有无游离的 Co^{3+} 或 Co^{2+}。加入 $SnCl_2$ 还原 Co^{3+}，加入硫氰化钾生成蓝色配合物 $[Co(NCS)_4]^{2-}$。

d. 用奈氏试剂检验有无游离的 NH_4^+；加热破坏配离子，再用奈氏试剂检验。

e. 配制 100 mL 0.01 mol/L 该配合物的溶液，测其电导率，稀释 10 倍后再测其电导率并与表 1-1 对比，确定其化学式中所含离子数。

(3) 键合异构体（Ⅰ）的制备。在 15 mL 2 mol/L 氨水中溶解 1.0 g $[Co(NH_3)_5Cl]Cl_2$，水浴加热使其充分溶解，过滤除去不溶物，滤液冷却后用 4 mol/L HCl 酸化到 pH 为 3～4，加入 1.5 g $NaNO_2$ 固体，加热使所生成的沉淀全部溶解，冷却溶液，在通风橱内向冷却的溶液中小心加入 15 mL 浓盐酸，再用冰水冷却使结晶完全，滤出棕黄色晶体，用无水乙醇淋洗 2～3 次，晾干，记录产量。

(4) 键合异构体（Ⅱ）的制备。在 25 mL 4 mol/L 氨水中溶解 1.0 g $[Co(NH_3)_5Cl]Cl_2$，水浴加热使其溶解，待全部溶解并冷却后以 4 mol/L HCl 中和至 pH 为 5～6，冷却后加入 1.0 g $NaNO_2$ 固体，搅拌使其溶解，再在冰水中冷却，以 4 mol/L HCl 调整 pH=4，即有橙红色的晶体析出。过滤晶体，并用冰冷却过的无水乙醇洗涤，在室温下干燥，记录产量。

二氯化一亚硝酸根五氨合钴（Ⅲ）（$[Co(NH_3)_5ONO]Cl_2$）不稳定，容易转变为二氯化硝基五氨合钴（Ⅲ）（$[Co(NH_3)_5NO_2]Cl_2$）配合物。因此，制备得到的两种异构体应尽快进行红外光谱测定。

(5) 键合异构体的红外光谱测定。当某一样品受到一束频率连续变化的红外光辐射时，分子将吸收某些频率作为能量消耗于各种化学键的伸缩振动或弯曲振动，此时透过的光在吸收区将自然减弱。如果以透射的红外光强度对波数（或波长）作图，则将记录一条表示各个吸收带位置的吸收曲线，即为红外光谱图。

本实验是在 4000～500 cm^{-1}，用 KBr 压片测定这两种异构体的红外光谱。

(6) 单晶培养。尝试用不同溶剂（甲醇和二氯甲烷等常见溶剂）将得到的配合物溶解，重结晶，并培养单晶。

(7) X 射线粉末衍射测试。重结晶以后的产物，尝试进行 X 射线粉末衍射测试，获得晶体的衍射角等参数。

(8) 若有单晶，尝试用 X 射线单晶衍射进行数据收集和解析。

五、思考题

(1) 根据定性化学反应和电导率仪，确定配合物 $[Co(NH_3)_5Cl]Cl_2$ 的组成，总结其化学性质。

(2) 由测定的两种异构体的红外光谱图，标识并解释谱图中的主要特征吸收峰。

(3) 从 X 射线粉末衍射数据得出两种异构体化合物的参数差别。

(4) 若测出单晶结构，试获得结构信息，如原子的微观排列及键长、键角等数据。

六、注意事项

反应首先生成棕色$[Co(NH_3)_6]Cl_2$，进一步被氧化为$[Co(NH_3)_5Cl]Cl_2$。本实验没有使用催化剂，产物为$[Co(NH_3)_5Cl]Cl_2$。

(1) 加入浓盐酸的作用：反应存在如下平衡

$$[Co(NH_3)_5Cl]Cl_2 \rightleftharpoons [Co(NH_3)_5Cl]^{2+} + 2Cl^-$$

加入盐酸可使平衡左移。慢加盐酸是为了得到大的晶体，便于过滤与烘干。

(2) 水浴微热的目的：水浴微热并维持 10～15 min 是为了提高反应速率，保证反应完全。$[Co(NH_3)_6]^{2+}$是外轨型配合物，$[Co(NH_3)_5Cl]^{3+}$是内轨型配合物，要把外轨向内轨转型，反应速率较慢，要持续较长时间。不能加热至沸腾，否则产物有变化。

室温慢慢冷却结晶，便于晶体长大，用盐酸、乙醇分别洗涤，抽干，用水浴烘干。不能高温烘干，否则$[Co(NH_3)_5Cl]Cl_2$可能被还原为$CoCl_2$。

(3) $[Co(NH_3)_5ONO]^{2+}$中配体NO_2^-以 O 作配位原子与 Co 成键存在亚硝酸根，会与酸反应生成亚硝酸。$[Co(NH_3)_5NO_2]^{2+}$中配体NO_2^-以 N 作配位原子与 Co 成键(NO_2不是硝基，应是亚硝基)，不存在亚硝酸根，不会与酸反应生成亚硝酸。所以$[Co(NH_3)_5ONO]^{2+}$在酸中不稳定。

(4) 产率高的关键：①水浴微热并维持 10～15 min，保证反应完全；②控制好温度，得到需要的产品；③最后加入 7 mL 浓盐酸，借助同离子效应使产品析出；④慢加盐酸，慢慢冷却，保证晶体颗粒较好。

(5) 单晶培养：晶体的 X 射线粉末衍射和 X 射线单晶衍射测试属于探索性实验，有失败的可能性，但是熟悉和掌握这些实验手段和测试手段是现代无机化学进行研究和探索的基本要求，以练习实践为主，不追求结果的好坏。

参 考 文 献

北京师范大学. 1987. 化学实验规范. 北京：北京师范大学出版社.
北京师范大学无机化学教研室. 2001. 无机化学实验. 3 版. 北京：高等教育出版社.
武汉大学. 2001. 分析化学实验. 4 版. 北京：高等教育出版社.

(金琼花)

实验 18 配合物 trans-[Co(en)$_2$Cl$_2$]Cl 的制备及性质测定

一、实验目的

(1) 了解 trans-[Co(en)$_2$Cl$_2$]Cl 配合物的制备、简单反应、分析组成确定的全过程。

(2) 掌握热重分析、红外光谱、配位滴定、X 射线单晶衍射等结构测定方法及相关仪器使用方法。

二、实验原理

1. 合成

配合物 trans-[Co(en)$_2$Cl$_2$]Cl 的制备如下。

方法 A：

$$CoCl_2 \cdot 6H_2O + 2en + \frac{1}{2}H_2O_2 \Longrightarrow trans\text{-}[Co(en)_2Cl_2]OH + 6H_2O$$

$$trans\text{-}[Co(en)_2Cl_2]OH + HCl \Longrightarrow trans\text{-}[Co(en)_2Cl_2]Cl + H_2O$$

方法 B：

$$4Co(NO_3)_2 \cdot 6H_2O + 8NaNO_2 + 8en + 4HNO_3 + O_2 \Longrightarrow$$
$$4trans\text{-}[Co(en)_2(NO_2)_2]NO_3 + 8NaNO_3 + 26H_2O$$

$$trans\text{-}[Co(en)_2(NO_2)_2]NO_3 + 3HCl \Longrightarrow trans\text{-}[Co(en)_2Cl_2]Cl + 2HNO_2 + HNO_3$$

配合物在水溶液中电离，生成自由移动的配离子。利用具有较强配位能力的不同的离子或配体分子取代配离子中的配体(分子或离子)，得到新型配离子，或者进行配合物的外界离子取代(交换)的反应。

取代反应具有以下特点：

(1) 配位数保持不变。

(2) 就取代反应速率而言，配合物有活性和惰性之分。

活性配合物：取代反应进行得很快(速率大)；

惰性配合物：取代反应进行得很慢(速率小)。

a. 活性配合物取代反应的例子：

$$[Cu(H_2O)_4]^{2+} + 4NH_3(aq) \longrightarrow [Cu(NH_3)_4]^{2+} + 4H_2O$$

虽然取代反应速率较快，但反应还是分步进行的，下列各物种可同时存在于**溶液**

中：$[Cu(H_2O)_4]^{2+}$、$[Cu(H_2O)_3(NH_3)]^{2+}$、$[Cu(H_2O)_2(NH_3)_2]^{2+}$、$[Cu(H_2O)(NH_3)_3]^{2+}$ 和$[Cu(NH_3)_4]^{2+}$。

通过适当选择试剂浓度，以确保某一物种为主要成分(可参考和利用配合物稳定常数数据)。

b. 离子取代(交换)的例子：

$$[A]B + C^- \longrightarrow [A]C + B^-$$

c. 配合物 $trans$-$[Co(en)_2Cl_2]Cl$ 的离子沉淀反应制备 $trans$-$[Co(en)_2Cl_2]NO_3$。

本实验主要通过对 $trans$-$[Co(en)_2Cl_2]Cl$ 配合物中 Cl^- 的沉淀取代反应，通过沉淀氯离子而得到相应产物。

$$trans\text{-}[Co(en)_2Cl_2]Cl \rightleftharpoons trans\text{-}[Co(en)_2Cl_2]^{2+} + Cl^-$$

$$AgNO_3 + Cl^- \longrightarrow AgCl\downarrow + NO_3^-$$

$$trans\text{-}[Co(en)_2Cl_2]Cl + AgNO_3 \longrightarrow trans\text{-}[Co(en)_2Cl_2]NO_3 + AgCl\downarrow$$

2. 组成测定

采取适当的方法，分别测定各组分含量。
(1)将配阳离子溶液经过强酸下的加热处理，通过配位滴定法测定钴的含量。
(2)通过离子沉淀制备 $trans$-$[Co(en)_2Cl_2]Cl$ 的类似物 $trans$-$[Co(en)_2Cl_2]NO_3$。
(3)通过红外光谱，对得到的两种配合物进行表征、比较。
(4)通过热重分析，半定量测定配合物的组成。
(5)通过 X 射线单晶衍射，鉴定配合物的结构。

三、仪器和试剂

仪器：烧杯，抽滤瓶，布氏漏斗，长颈漏斗，量筒，骨匙，镍匙、白色瓷滴板，表面皿，蒸发皿，搅拌磁子，玻璃棒，滴管，蒸馏装置(100 mL 圆底烧瓶，蒸馏头，直形冷凝管，应接管，磨口温度计，250 mL 磨口锥形瓶)，磁力搅拌器，分析天平，热重分析仪，红外光谱仪，显微镜，X 射线单晶衍射仪。

试剂：$CoCl_2·6H_2O$(C. P.)，$Co(NO_3)_2·6H_2O$(C. P.)，亚硝酸钠(C. P.)，乙二胺(C. P.)，30%过氧化氢(C. P.)，浓盐酸(C. P.)，浓硝酸(C. P.)，浓硫酸(C. P.)，氢氧化钠(C. P.)，$Na_2S·9H_2O$(C. P.)，锌粉(C. P.)，甲苯(C. P.)，乙醇(A. R.)，乙醚(A. R.)，丙酮(A. R.)，0.05 mol/L EDTA 标准溶液，0.05 mol/L $ZnCl_2$ 标准溶液，0.1 mol/L HCl 标准溶液，0.01 mol/L $KMnO_4$ 标准溶液，0.01 mol/L $AgNO_3$ 标准溶液，30%六亚甲基四胺，0.5%二甲酚橙指示剂。

四、实验步骤

1. 配合物的合成

1) 合成 trans-[Co(en)$_2$Cl$_2$]Cl

方法 A：取 6.7 mL(0.1 mol)乙二胺(ρ = 0.89 g/ mL)，将其稀释成 10%的溶液。搅拌下，将上述溶液慢慢地加入含有 16 g CoCl$_2$·6H$_2$O 的 50 mL 水溶液中。再加入 3 mL 浓 HCl，搅拌，水浴加热至 50～60 ℃，缓慢滴加 5 mL 30% H$_2$O$_2$ 溶液，放置 30～60 min。然后加入 32 mL 浓 HCl，浓缩溶液至表面有结晶膜出现。放置暗室，冷却至室温后，冰浴冷却，有暗绿色的晶体析出。过滤，用少量冰水、乙醇和乙醚洗涤。空气中干燥，称量，计算产率。

方法 B：在 5.4 mL(0.080 mol) 乙二胺和 10 mL 水的混合物中加入 3 mL (0.048 mol)浓硝酸，使其部分中和。将所得溶液加入含有 11.5 g(0.040 mol) CoCl$_2$·6H$_2$O 和 6.0 g(0.087 mol)NaNO$_2$ 的 20 mL 水溶液中，混合均匀。

使一股强烈的空气流抽入或通过上述溶液中。几分钟后黄色的 trans-[Co(en)$_2$(NO$_2$)$_2$]NO$_3$ 即开始沉淀，反应 20 min 后，将混合物放在冰浴中冷却，过滤，并将所得固体依次用少量冰水、乙醇和丙酮洗涤，空气中干燥，称量，计算产率。

在 250 mL 烧瓶中加入 10 g(0.30 mol)trans-[Co(en)$_2$(NO$_2$)$_2$]NO$_3$、2 g (0.033 mol)尿素、5 mL(0.067 mol)40%甲醛和 35 mL 32% HCl，在 90～100 ℃的水浴中反应 1 h(每反应 15 min 左右，旋摇反应体系使其混合均匀)。之后，将反应混合物用冰浴冷却，过滤，得细小的绿色片状晶体 trans-[Co(en)$_2$Cl$_2$]Cl·2H$_2$O。依次用乙醇(3×10 mL)和乙醚(1×10 mL)洗涤，110 ℃干燥。

通过显微镜观察晶形，晶形较好的可做 X 射线单晶衍射分析。称量，计算产率，并保留做后面实验。

2) 制备 trans-[Co(en)$_2$Cl$_2$]NO$_3$

取 0.576 g(2 mmol)trans-[Co(en)$_2$Cl$_2$]Cl 固体(第一步 trans-[Co(en)$_2$Cl$_2$]Cl 产量较高时，此步可加大量)，溶于 5 mL 水中，在室温下均匀搅拌，把溶有 0.34 g (2 mmol)AgNO$_3$ 的 2 mL 水溶液缓慢加入上述溶液中，在室温条件下搅拌反应 10 min，观察反应现象，静置后过滤反应溶液，将沉淀水洗至无色。取少许上述灰色沉淀固体，加入 3 mL 蒸馏水，向其中滴加 6 mol/L 氨水溶液，观察实验现象。此溶液再用 6 mol/L 硝酸溶液酸化，观察实验现象。

转移上述溶液到蒸发皿中，蒸发至出现晶膜，停止加热，静置冷却后过滤，得草绿色 trans-[Co(en)$_2$Cl$_2$]NO$_3$ 固体。烘干，称量，计算产率。保存样品，以备测试使用。

2. 组成确定

trans-[Co(en)$_2$Cl$_2$]Cl 钴含量的测定：取 0.037 11 g *trans*-[Co(en)$_2$Cl$_2$]Cl 置于 100 mL 烧杯中，用 25 mL 去离子水溶解，小火蒸煮至近干，冷却后，加入 1.5 mL 浓 H$_2$SO$_4$，盖上表面皿，加热至烧杯壁上回流液近无色后，取下表面皿，将溶液蒸至近干，高温分解浓 H$_2$SO$_4$（如果出现炭化现象，立即停止加热）。冷却，加 2.0~2.4 mL 10% H$_2$O$_2$，加热至得淡红色（或紫红色）溶液后，继续加热以除去过量的 H$_2$O$_2$。加入约 10 mL 水和 25 mL EDTA 标准溶液（0.05 mol/L），加热煮沸 1 min，加入 30%六亚甲基四胺调节溶液 pH 为 5.8，并过量 3 mL。加入 1~2 滴二甲酚橙，用 0.05 mol/L ZnCl$_2$ 标准溶液滴定至溶液颜色由黄色变为红色。计算钴的含量（二甲酚橙在 pH>6.3 为红色；pH<6.3 为亮黄色，与金属离子配位后为红色）。

trans-[Co(en)$_2$Cl$_2$]Cl 的热重分析：在瓷坩埚中，准确称量一定量磨细的配合物样品，按照热分析仪的操作步骤进行热分析测定，升温到适当的温度（500 ℃），记录其 TG 和 DTA 曲线。从图上确定样品中 en 的含量，分析受热过程中的热效应以及失重率最大的温度范围。

trans-[Co(en)$_2$Cl$_2$]Cl 及 *trans*-[Co(en)$_2$Cl$_2$]NO$_3$ 的红外光谱分析：取约 2 mg 配合物样品，放于玛瑙研钵中，同时加入约 50 mg 干燥 KBr 固体均匀混合研磨，制取透明 KBr 压片，测量 400~4000 cm^{-1} 的 FTIR 图谱。

五、注意事项

(1) 在钴的含量测定实验中，高温分解浓 H$_2$SO$_4$ 时应在通风橱中进行，以免分解产物对呼吸系统造成伤害。

(2) 硝酸银沉淀氯离子时，要控制硝酸银的用量，防止配合物内界氯沉淀。

六、结果与讨论

(1) 根据红外光谱图，归属相应峰所对应的基团。

(2) 根据热重分析和滴定结果，比较两种方法对配合物组成的鉴定效果。

七、思考题

(1) 说明配合物强酸加热情况下的反应过程，并写出相应的反应式。

(2) 为什么测定钴含量时，H$_2$O$_2$ 一定要除尽？还可以采用哪些方法测定钴的含量？

参 考 文 献

王伯康. 2000. 综合化学实验. 南京:南京大学出版社: 157-159.
Bailar J C. 1962. 无机合成. 第4卷. 张允什, 译. 北京：科学出版社: 157-159.
Searle G H. 1985. Determination of ethane-1, 2-diamine in inert complexes. J Chem Edu, 62（10）: 892-893.
Sharrock P. 1980. Speeding up the inorganic lab. J Chem Edu, 57: 778.

（万重庆）

实验19 叶绿素(天然金属卟啉)的分离及性质测定

一、实验目的

(1) 掌握有机溶剂提取叶绿体色素等天然化合物的原理和实验方法。

(2) 通过叶绿素的分离掌握薄层色谱法的分离原理和操作技术。

(3) 了解导数分光光度法的基本原理和方法,学习利用导数分光光度法同时测定叶绿素 a 和叶绿素 b。

(4) 了解皂化-萃取提取 β-胡萝卜素的原理。

二、实验原理

植物叶绿体色素的提取、分离、表征及含量测定在植物生理学和农业科学研究中具有重要意义。高等植物体内的叶绿体色素有叶绿素和类胡萝卜素两类,主要包括叶绿素 a、叶绿素 b、β-胡萝卜素和叶黄素四种。叶绿素 a 和叶绿素 b 都是吡咯衍生物与金属镁的配合物,较大的烷基结构使它们易溶于丙酮、乙醇、乙醚、石油醚等有机溶剂溶剂。

叶绿素分子中含有四个吡啶环,它们与四个次甲基(=CH—)连接成一个大环——卟啉环,镁原子位于卟啉环中央。各种叶绿素之间的差别在于和吡啶环相连接的侧链结构不同:叶绿素 a 与叶绿素 b 的差别在于叶绿素 a 在第二个吡咯环上有一个甲基,而叶绿素 b 在此处是一个醛基,如图 2-25 所示。

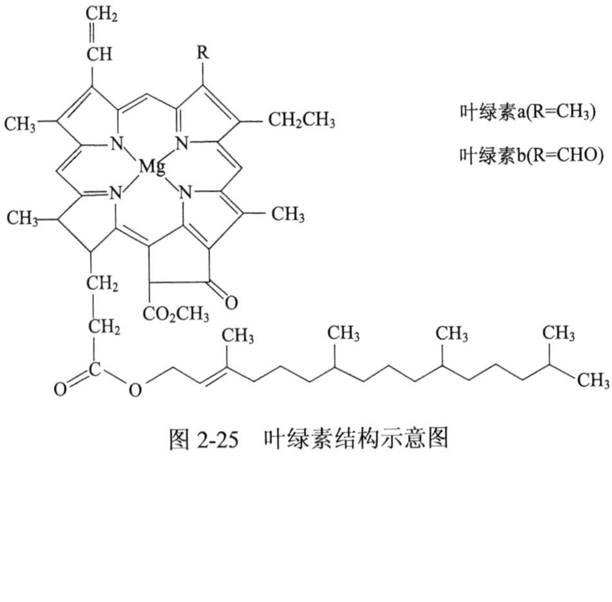

图 2-25 叶绿素结构示意图

在叶绿素提取液中加入适量的 10% HAc 或 0.001 mol/HCl 时，中心的 Mg^{2+} 容易从卟啉环中分离出来，生成一种脱镁叶绿素，即中心的 Mg^{2+} 被两个 H^+ 置换。如果把离子半径相当的其他金属离子(如 Zn^{2+}、Cu^{2+}、Co^{2+}、Co^{3+}等)等插入脱镁叶绿素中，则生成各种稳定的配合物——改性叶绿素。

从叶绿素的吸收光谱曲线(图 2-26)可以看出：叶绿素在可见光区有两个最大吸收部分，一个在红光部分(波长 640～660 nm)，另一个在蓝紫光部分(波长 430～450 nm)。虽然叶绿素对蓝紫光的吸收最强，但从 CO_2 吸收量曲线看，叶绿素的光合作用在红光中最强。

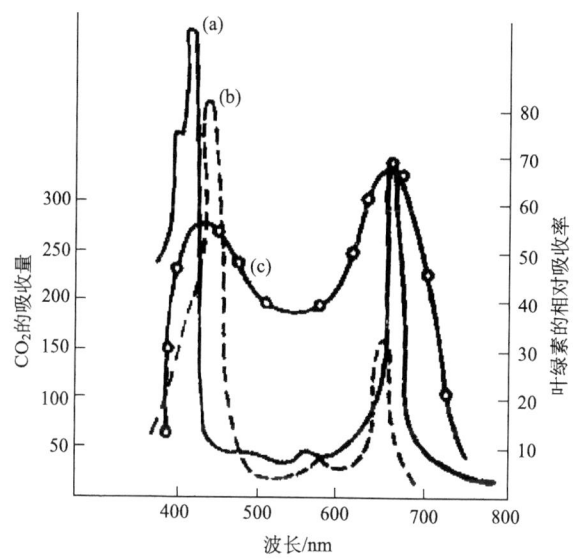

图 2-26　叶绿素的吸收光谱曲线

(a)叶绿素 a；(b)叶绿素 b；(c)叶绿素 CO_2

色谱法是与植物天然色素的分离提取同时发展起来的。色谱法(纸色谱、薄层色谱和柱色谱)至今仍然是分离叶绿素等天然色素最有效的方法。

色谱法分离叶绿体色素的基本原理是利用不同色素在各种有机溶剂中的分配系数或在吸附剂上的吸附能力的不同，当它们通过色谱柱/床时，这种分配或吸附过程反复多次进行，最后将它们一一分离开来。

本实验通过纸色谱、薄层色谱和快速柱色谱方法，将植物色素的提取液进一步分离成叶绿素 a、叶绿素 b、β-胡萝卜素和叶黄素几个组分，并进行光谱表征和鉴定其纯度。通过多次纸制备色谱也可以得到少量叶绿素 a 和叶绿素 b 纯品。

薄层色谱法的原理和操作技术请参阅相关内容。

三、仪器和试剂

仪器：紫外分光光度计，层析缸，研钵，100 mL 烧杯，50 mL 容量瓶，干燥器，毛细管，玻璃板(5 cm×30 cm)，小刀，玻璃试管，离心管，10 mL、50 mL、100 mL 量筒，50 mL 分液漏斗。

试剂：鲜菠菜叶，丙酮(C.P.)，乙醚(C.P.)，石油醚(C.P.)，正丙醇(C.P.)，纤维素粉末，硫酸铜(C.P.)，乙酸钴(C.P.)。

四、实验步骤

1. 叶绿素的提取

在干净的研钵内放入 0.5 g 切碎的鲜菠菜叶，加入 20 mL 80%丙酮，将叶组织研成匀浆后过滤。滤渣再用 10 mL 80%丙酮反复研磨成匀浆，再过滤(若提取液仍有绿色，则再用 10 mL 80%丙酮重复上述操作)。最后用 5 mL 80%丙酮洗涤研钵和漏斗，过滤后，将上述滤液(深绿色)全部转入 50 mL 容量瓶中，用 80%丙酮稀释至刻度。

2. 绘制吸收光谱曲线

用足量的 80%丙酮稀释一部分上面所得的提取液(使其吸光度在 400 nm 左右时约为 0.5)，以 80%丙酮为参比液，测定其在 350～700 nm 时的吸收光谱(每隔 10 nm 测定一次吸光度，在最大吸收处每隔 5 nm 测定一次)，绘制吸收光谱曲线，确定其最大吸收峰的波长。

3. 叶绿体色素的分离

制板：称取 6 g 纤维素粉末于 100 mL 烧杯中，加入 34 mL 去离子水，充分搅拌均匀混合 5 min 后，将此悬浊液均匀地铺在干净的玻璃板(5 cm×30 cm)上；薄层厚度为 0.25 mm 左右，室温下干燥 25 min 后，将薄板平放于 105 ℃烘箱中，通风干燥 10 min，再将薄板垂直烘 25 min，使薄层充分活化，取出薄板冷却后放入干燥器中备用。

点样：取 20 mL 上述叶绿素丙酮提取液于分液漏斗中，加 5 mL 乙醚，沿管壁加入 15 mL 去离子水，轻轻摇动，静置分层后，弃去下层的丙酮溶液(无色)，将上层的乙醚提取液(绿色)转移至试管中。在暗光下于薄板一端 2 cm 处，用毛细管将叶绿素乙醚提取液点在薄层上，点成一条直线，连点五次，注意每次点样都要待上次点样的样品干后再点第二次。

展开和显色：色素分离的展开剂采用石油醚-丙酮-正丙醇混合液，其体积比为 90∶10∶0.45，将上述展开剂倒入层析缸中摇匀，然后将薄板直立于层析缸中(展开剂浸没薄板下端的高度不宜超过 0.5 cm，薄板上的点样点不得浸入展开剂中)，在暗处和室温下显色(10~20 min)。待展开剂的前沿达到一定距离(如 1~2 cm)时，取出薄板，并在前沿处作出标记，待展开剂挥发后，可见到几条色带，由上到下依次为胡萝卜素(黄色)、叶黄色(黄色)、叶绿素 a(黄绿色)、叶绿素 b(黄绿色)。

4. 导数分光光度法同时测定叶绿素 a 和叶绿素 b

将叶绿素 a 和 b 的色带从玻璃板上刮下来，分别放入离心管中，加入 5 mL 乙醚，振荡、离心分离后，取上层蓝绿色溶液，测定其吸收光谱。

(1) 配制叶绿素 a 和叶绿素 b 的系列标准溶液，用分光光度法确定其浓度。
(2) 绘制叶绿素 a 和叶绿素 b 的一阶导数谱图，并确定其导数测定波长。
(3) 测定蔬菜叶片样品中叶绿素 a 和叶绿素 b 的含量。

注意：因为叶绿素 a 和叶绿素 b 很容易受光分解，因此上述样品溶液的制备过程应尽可能快些。

5. 制备脱镁叶绿素并将 Cu^{2+}、Co^{2+} 引入脱镁叶绿素

(1) 取 1 mL 丙酮提取液，加入 9 mL 80%丙酮，再加 1 滴浓 HCl，观察并解释溶液颜色的变化。
(2) 取两支试管，分别加入 5 mL 脱镁叶绿素溶液，在第一支试管中滴加 1 mol/L $CuSO_4$ 溶液，第二支试管中加入少许固体 $Co(Ac)_2$，观察并解释溶液颜色的变化。

五、思考题

(1) 若实验时间跨度长，如何保存叶绿素提取液？
(2) 比较叶绿素 a 和叶绿素 b 的结构组成；解释在叶绿素的吸收光谱曲线中为什么叶绿素 a 的相对吸收率远大于叶绿素 b。

注释：叶绿素是一个很不稳定的化合物，遇到酸、碱、氧、光照都会发生化学变化，故在提取过程中应注意溶剂的酸碱性，防止酸碱变化，要尽量在较暗的房间中进行，防止光破坏。

参 考 文 献

王尊本. 2007. 综合化学实验. 2 版. 北京：科学出版社.

(邓玉恒)

实验 20 碳纳米管/酞菁钴复合材料修饰电极的制备及其应用

一、实验目的

(1) 通过制备碳纳米管/酞菁钴修饰电极，了解碳纳米管和酞菁的性质，掌握修饰电极的制备方法。

(2) 进一步熟练掌握材料合成中的常规操作方法和技能。

(3) 掌握电化学方法测试抗坏血酸的原理和方法。

二、实验原理

碳纳米管(CNTs)是 1991 年 Iijima 发现的一种良好的电极材料，具有奇特的电学性能、明显的量子效应、大的比表面积、高稳定性以及强吸附特性。目前，CNTs 修饰电极在电分析化学中的应用已经成为一个研究热点。

自由酞菁(H_2Pc)的分子结构见图 2-27(a)。它是四氮大环配体的重要种类，具有高度共轭 π 体系。它能与金属离子形成金属酞菁配合物(MPc)，其分子结构式见图 2-27(b)。这类配合物具有半导体、光电导、光化学反应活性、荧光、光存储等特性。金属酞菁是近年来广泛研究的一类经典金属大环配合物，其基本结构和天然金属卟啉相似，且具有良好的热稳定性和化学稳定性，在光电转换、催化活化小分子、信息储存、气敏传感器、生物模拟及工业染料等方面有重要的应用。

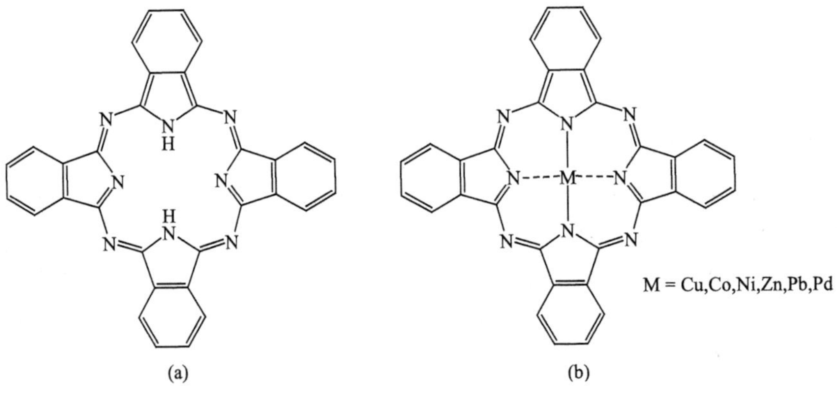

M = Cu,Co,Ni,Zn,Pb,Pd

图 2-27 酞菁配合物的结构示意图

金属酞菁的合成一般有以下两种方法：①通过金属模板反应合成，即通过简单配体单元与中心金属离子的配位作用，结合形成金属大环配合物，这里的金属离子起模板作用；②与配合物的经典合成方法相似，即先采用有机合成的方法制得并分离出自由的有机大环配体，然后与金属离子配位，合成得到金属大环配合物。其中模板反应是主要的合成方法。金属酞菁配合物的合成主要有以下几种途径（以二价金属 M 为例）。

(1) 中心金属的置换

$$MX_2 + LiPc \xrightarrow{\text{室温,溶剂}} MPc + 2LiX$$

(2) 以邻苯二甲腈为原料

$$MX_2 + 4\ \text{(邻苯二甲腈)} \xrightarrow[\text{溶剂}]{300\ ℃} MPc$$

(3) 以邻苯二甲酸酐、尿素为原料

$$MX_2 + 4\ \text{(邻苯二甲酸酐)} + CO(NH_2)_2 \xrightarrow[(NH_4)_2MoO_4]{200\sim 300\ ℃} MPc$$

(4) 以 2-氰基苯甲酰胺为原料

$$M + 4\ \text{(2-氰基苯甲酰胺)} \xrightarrow{250\ ℃} MPc + H_2O$$

本实验按反应(2)制备金属酞菁，原料为金属盐、邻苯二甲腈，催化剂为 1,8-二氮杂双环[5.4.0]十一碳-7-烯(DBU)，利用溶液法进行制备。

抗坏血酸(维生素 C)是维护机体正常生理功能的重要维生素之一，广泛存在于食品和动植物组织中，人体不能自身合成，它参与机体氧化、还原等复杂代谢过程，能促进生长和抗体的形成，增强免疫活性。研究发现，抗坏血酸的缺乏可导致多种疾病，其含量高低常作为某些疾病诊断及营养分析的重要指标。因此，准确测定抗坏血酸的含量，对饮食健康、医疗保健都具有十分重要的意义。目前测定抗坏血酸的方法主要有色谱法、分光光度法、荧光光度法、酶分析法等。但这些方法要求的实验条件和操作技术较高，有些操作烦琐、选择性差，不利于快速分析；而电化学分析方法具有分析速度快、操作简便易行、成本低及试剂用量少、检测灵敏度高等优点，已广泛用于各种分析测定。

本实验利用碳纳米管表面高度离域的大 π 键和金属酞菁的共轭大环之间可以通过 π-π 作用结合，采用原位合成方法，制备碳纳米管-金属酞菁大环配合物，将该复合材料修饰于电极表面，研究该修饰电极对抗坏血酸的电催化行为。该复合材料修饰电极对抗坏血酸有很好的电催化氧化性能，氧化峰电流与抗坏血酸浓度有良好的线性关系。该方法用于抗坏血酸的测定，具有灵敏度高、响应快、检测范围宽、操作简单等优点。

三、仪器和试剂

仪器：电化学工作站，玻碳电极(Φ4 mm)，铂片电极(或铂盘电极)，饱和甘汞电极，超声波清洗机，电子天平，微量进样器，电热套，氮气钢瓶，冷凝管，三颈瓶，圆底烧瓶，烧杯，量筒，水泵，抽滤瓶，布氏漏斗，玻璃钉漏斗，恒温搅拌加热装置。

试剂：多壁碳纳米管(MWNTs，>95%)，1,8-二氮杂双环[5.4.0]十一碳-7-烯(DBU)，邻苯二甲腈，抗坏血酸(A. R.)，无水葡萄糖(A. R.)，L-苯丙氨酸，柠檬酸(A. R.)，尿酸(B. R.)，氧化铝，氯化钴，二次蒸馏水，0.1 mol/L 磷酸二氢钠-磷酸氢二钠缓冲溶液(PBS)，正戊醇，丙醇，HCl，无水甲醇，无水乙醇，1 mol/L NaOH 溶液。

四、实验步骤

1. 碳纳米管-酞菁钴复合材料的制备

分别称取 0.3 g 邻苯二甲腈、0.076 g $CoCl_2$ 和 0.05 g MWNTs，加入 100 mL 三颈瓶中，混匀后加入 30 mL 正戊醇超声 2 min，加入 0.3 mL DBU，进行氮气保护，在 130 ℃加热回流搅拌 2 h，溶液由无色变为暗绿色时，冷却至 70 ℃左右，加入适量无水甲醇稀释后趁热过滤，并依次用丙酮、2% HCl 和蒸馏水洗涤抽滤 2～3 次，最后用甲醇淋洗抽滤，得到黑紫色 CoPc-MWNTs 固体，在 80 ℃下真空干燥 2 h。

2. 修饰电极的制备

先将玻碳电极(GCE)分别用 0.3 μm 和 0.05 μm 的 α-Al_2O_3 粉末在绒布上抛光，除去表面污物，然后依次在蒸馏水、丙酮、NaOH(1 mol/L)及二次蒸馏水中超声清洗 5 min，自然干燥，即可得到干净的电极表面。将 3 mg CoPc-MWNTs 加入 1 mL 无水乙醇中超声 15 min，用微量进样器移取 5 μL 悬浮液滴加到 GCE 表面，覆盖玻碳部分，自然干燥，待溶液挥发完全即可得到修饰电极(CoPc-MWNTs/GCE)，将电极浸泡在缓冲溶液中保存、待用。

3. 电化学测试

在室温下(约 25 ℃)，以制得的 CoPc-MWNTs 修饰玻碳电极为工作电极，铂片电极(或铂盘电极)为辅助电极，饱和甘汞电极为参比电极(以下电位均相对该电极而言)，以 pH 7.0 的 PBS 为测定底液，以一定的扫描速率在 −0.5～+0.7 V 循环扫描，得到循环伏安图；采用方波伏安法对不同浓度的抗坏血酸进行电化学检测，将修饰电极插入底液中，采用三电极系统，记录不同浓度抗坏血酸所对应电流的大小。

五、思考题

(1) 简述碳纳米管/酞菁钴复合材料制备过程中的注意事项。
(2) 在复合材料后处理过程中，每一步洗涤的作用是什么？
(3) 电极制备过程中如何清洗电极及如何验证电极干净与否？
(4) 如何通过电化学方法得到抗坏血酸浓度与电流的线性关系？

参 考 文 献

Baughman R H, Zakhidov A A, Heer W A. 2002. Carbon nanotubes-the route toward applications. Science, (297): 787-792.

Farajzadeh M A, Nagizadeh S. 2003. A simple and reliable spectrophotometric method for the determination of ascorbic acid in pharmaceutical preparations. J Anal Chem, 58(10): 927-932.

Iijima S. 1991. Heliclal microtubes of graphitic carbon. Nature, 354(7): 56-58.

Liu G D, et al. 2003. Catalytic oxidation of ascorbic on 2D monolyers of 4-hydroxyhiopenol. Anal Lett, 3(2): 175-192.

Liu Z H, Wang Q L, Mao L, et al. 2000. Highly sensitive spectrofluorimetric determination of ascorbic acid based on its enhancement effect on a mimetic enzy-catalyzed reaction. Anal Chem Acta, 413(1-2): 167-173.

Perez-Ruiz T, Martinez-Lozano C, Tomas V, et al. 2001. Fluorimetric determination of total ascorbic acid by a stopped-flow mixing technique. Analyst, 126(8): 1436-1439.

Saari N, Osman A, Selamat J, et al. 1999. Ascorbate oxidase from starfruit (averrhoa carambola): preparation and its application in the determination of ascorbic acid from fruit juices. Food Chem, 66: 57.

Suna T, Ulku A, Dilek O, et al. 2007. Development of a microbial biosensor based on carbon nanotube (CNT) modified electrodes. Electrochemistry Communications, (9): 1810-1815.

实验 21　高效液相色谱法测定茶叶中的儿茶素

一、实验目的

(1) 了解高效液相色谱法分离的基本原理。
(2) 熟悉液相色谱仪的基本构造，掌握其基本操作技术。
(3) 掌握用高效液相色谱测定儿茶素的方法。

二、实验原理

高效液相色谱是一种重要的色谱分离技术。根据固定相和分离机理的不同，高效液相色谱一般可分为吸附色谱、分配色谱、离子交换色谱和体积排阻色谱。其中，分配色谱根据固定相和流动相的极性大小可以分为正相色谱和反相色谱。

吸附色谱主要依靠氢键结合力吸附到固定相上，与流动相分子竞争吸附活性点，反复地被吸附，又反复被流动相分子替代解吸，随着流动相的流动，在柱中向前移动。组分在固定相表面的吸附能力不同，因而吸附-解吸的速度不同，各组分被析出的时间也就不同，从而使各组分得以分离。分配色谱是基于样品分子在固定相和流动相之间的分配平衡从而实现分离。现常用固定键合相作为固定相，如 C_{18} 色谱柱等。

液相色谱仪一般包括输液泵、进样器、色谱柱、检测器和数据系统。

(1) 高压输液泵的作用是将流动相以稳定的流速或压力输送到色谱系统，其稳定性直接关系到分析结果的重现性、精度和准确性，其流量变化一般要求小于 0.5%。

(2) 进样器多采用六通阀进样，进样体积由定量管确定。

(3) 色谱柱是液相色谱实现分离的核心部件，要求柱效高、柱容量大和柱性能稳定。

(4) 检测器是用来检测从色谱中分离后的流出组分及其含量变化的装置，常用的紫外检测器有紫外-可见检测器、蒸发光散射检测器、示差折光检测器、荧光检测器、电化学检测器和质谱检测器。其中，示差折光检测器和质谱检测器属于通用型检测器。

(5) 数据系统一般采用工作站模式进行仪器系统控制、数据采集及数据分析。

茶叶中所含的多酚类物质是一类多元酚混合物。其中，最重要的是儿茶素类，包括表没食子儿茶素(EGC)、表没食子儿茶素没食子酸酯(EGCG)、表儿茶素(EC)、没食子儿茶素没食子酸酯(GCG)，是茶叶的主要活性成分，具有防止血管硬化、降血脂、抗癌、抗突变等多种功效，其结构式见图 2-28。本实验采用高效液相色谱法对四种儿茶素的混合标准溶液进行分离条件探究，对仪器的精密度进行探究，对四种儿茶素组分进行定量分析，最后对茶叶中四种成分进行确定。

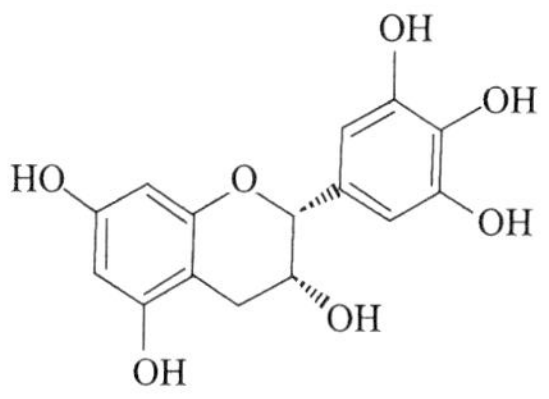
(−)-epigallocatechin(EGC)

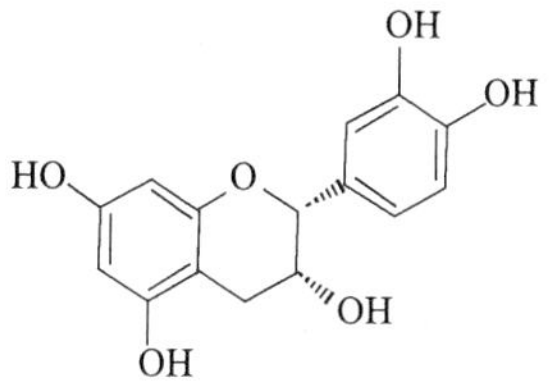
(−)-epicatechin(EC)

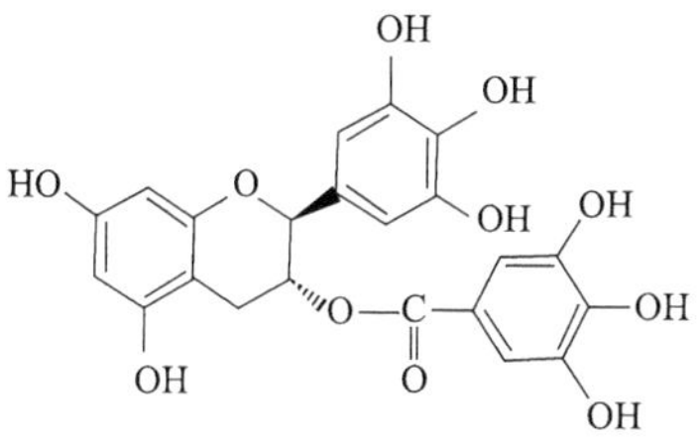
(−)-gallocatechin gallate(GCG)

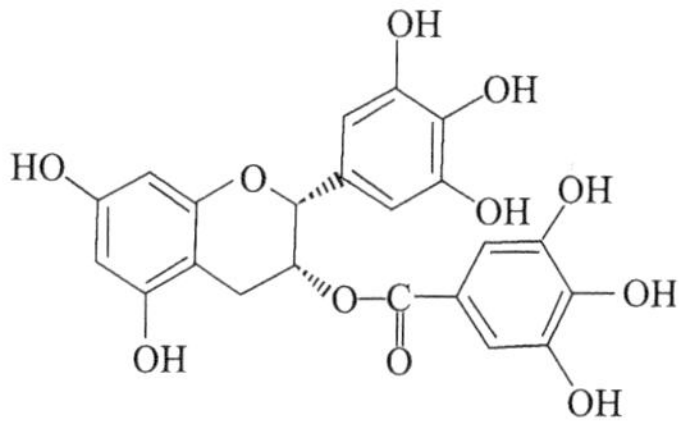
(−)-epigallocatechin gallate(EGCG)

图 2-28　常见儿茶素类化合物的结构式

三、仪器和试剂

仪器：高效液相色谱仪，移液器，超纯水仪。

试剂：儿茶素标准溶液，茶叶样品，甲醇(色谱纯)，乙酸(分析纯)，乙腈(色谱纯)。

四、实验步骤

实验参数：流动相，甲醇-0.1%乙酸，流速为 1.0 mL/min，进样量 10 μL，C_{18} 色谱柱(250 mm×4.6 mm，5 μm)，柱温 25 ℃，检测波长 278 nm。

(1) 开机，清洗，冲洗柱子。

(2) 流动相和样品溶液准备：配制 0.1%乙酸溶液，使用 0.45 μm 微孔滤膜过滤，超声脱气 30 min，放入色谱储液瓶中。将样品储备液用水稀释到所需浓度，用滤膜过滤后备用。

(3) 设置仪器参数，冲洗色谱柱直到基线平直。

第一周：优化色谱分离参数及日间精密度

(1) 以 10 μg/mL 混合标准溶液为基础，改变洗脱程序(表 2-3)，分析分离效果，选择最佳洗脱程序。

(2) 按照最佳洗脱程序，对不同的流速进行探究(表 2-4)，记录保留时间，选择合适的流速。

(3) 在相同条件下(最佳条件)，连续进样三次 50 μg/mL 混合标准溶液，分别记录各个峰的保留时间及峰面积。

第二周：定性分析及日内精密度

(1) 向 10 μg/mL 混合标准溶液中加入 20 μL 4 mg/mL EGC，得到相应谱图①，与第一周谱图(最佳洗脱程序，合适流速)比较，找出 EGC 的保留时间。

(2) 向上述溶液中加入 20 μL 4 mg/mL EGCG，得到相应谱图②，与谱图①比较，找出 EGCG 的保留时间。

(3) 向上述溶液中继续加入 20 μL 4 mg/mL EC，得到相应谱图③，与谱图②比较，找出 EC 的保留时间。

(4) 剩余一峰即为 GCG，记录峰面积及保留时间，完成表 2-5。

(5) 在相同条件下(最佳条件)，连续测量 50 μg/mL 混合标准溶液，记录各个峰的保留时间及峰面积，计算各峰的精密度，完成表 2-6 及表 2-7。

第三周：线性考察、日间精密度及实际样品分析

(1) 配制 320 μg/mL 混合标准溶液，依次稀释为 160 μg/mL、80 μg/mL、40 μg/mL、20 μg/mL、10 μg/mL，记录各个峰的峰面积，绘制标准曲线，完成表 2-10。

(2) 在相同条件下(最佳条件)，连续进样三次 50 μg/mL 混合标准溶液，分别记录各个峰的保留时间及峰面积，完成表 2-8 和表 2-9。

(3) 实际样品分析。称取 0.5 g 茶叶于烧杯中，加入 75 g H_2O，浸泡 10 min，浸泡液用滤膜过滤后转入测量瓶中进行测量，根据保留时间记录其对应四种物质的峰面积，完成表 2-11。

分析结束后，用纯有机相冲洗色谱柱，实验结束后，依次关闭色谱工作站、检测器、色谱泵等各部分电源。

五、数据记录

1. 优化色谱分离条件

(1) 洗脱程序对儿茶素分离的影响(固定流动相流速为 1.0 mL/min)：按照表 2-3 进行实验并记录实验数据，根据实验数据分析不同洗脱程序对儿茶素分离的影响。

表 2-3 洗脱程序对儿茶素分离的影响

洗脱程序	保留时间/min			
	色谱峰 1	色谱峰 2	色谱峰 3	色谱峰 4
0~6 min, B(10%~25%)				
6~12 min, B(25%~40%)				
12~14 min, B(40%)				
14~16 min, B(40%~10%)				
16~18 min, B(10%)				
0~5 min, B(10%~30%)				
5~10 min, B(30%~40%)				
10~12 min, B(40%)				
12~16 min, B(40%~10%)				
16~18 min, B(10%)				
0~3 min, B(10%~30%)				
3~8 min, B(30%~40%)				
8~10 min, B(40%)				
10~14 min, B(40%~10%)				
14~16 min, B(10%)				
结论				

(2) 考察流速对儿茶素分离的影响，并完成表 2-4。

表 2-4 流动相流速对儿茶素分离的影响

流速/(mL/min)	保留时间/min			
	色谱峰 1	色谱峰 2	色谱峰 3	色谱峰 4
条件 1：流速 0.8				
条件 2：流速 1.0				
条件 3：流速 1.2				
结论				

2. 定性分析、日内精密度及日间精密度

采用标准加入法对色谱图中的各个色谱峰进行定性分析，完成表 2-5。

表 2-5 定性分析结果

实验内容	峰面积			
	色谱峰 1	色谱峰 2	色谱峰 3	色谱峰 4
1.加入(　)				
2.加入(　)				
3.加入(　)				
定性结论				

在上述优化条件下对色谱方法精密度进行考察,分为日内精密度和日间精密度,同时对峰面积和保留时间的重现性进行考察,分别完成表 2-6～表 2-9。

表 2-6 保留时间日内精密度数据

实验次数	保留时间/min			
	EGC	GCG	EGCG	EC
1				
2				
3				
4				
5				
RSD/%				

表 2-7 峰面积日内精密度数据

实验次数	峰面积			
	EGC	GCG	EGCG	EC
1				
2				
3				
4				
5				
RSD/%				

表 2-8 保留时间日间精密度数据

实验次数	保留时间/min			
	EGC	GCG	EGCG	EC
1				
2				
3				
4				
5				
6				
7				
8				
9				
RSD/%				

表 2-9 峰面积日间精密度数据

实验次数	峰面积			
	EGC	GCG	EGCG	EC
1				
2				
3				
4				
5				
6				
7				
8				
9				
RSD/%				

3. 线性考察

将线性考察结果列入表 2-10。

表 2-10 线性考察结果

浓度/(μg/mL)	峰面积			
	EGC	GCG	EGCG	EC
10				
20				

续表

浓度/(μg/mL)	峰面积			
	EGC	GCG	EGCG	EC
40				
80				
160				
320				
线性方程				
相关系数				

4. 实际样品分析

将实际样品分析结果列入表 2-11。

表 2-11 实际样品分析结果

样品编号	测定含量结果(峰面积)			
	色谱峰 1	色谱峰 2	色谱峰 3	色谱峰 4
1				
2				
3				
4				
5				
6				
7				

六、结果处理

(1) 采用 Origin 或 Excel 软件处理数据，绘制标准工作曲线。
(2) 计算日内及日间精密度结果。
(3) 计算实际样品的儿茶素含量。

七、思考题

(1) 液相色谱法定性、定量分析的依据是什么？
(2) 如何评价混合组分的分离情况？

(3) 如何调整色谱条件来改善混合组分的分离条件？

(4) 建立液相色谱法分析样品中某组分的含量，方法学评价一般需要考察哪些指标？

参 考 文 献

Chen J L. 2010. Multi-wall carbon nanotubes bonding on silica-hydride surfaces for open-tubular capillary electrochromatography. J Chromatogr A, 1217(5): 715-721.

Chen Y L, Jiang Y M, Duan J, et al. 2010. Variation in catechin contents in relation to quality of 'Huang Zhi Xiang' Oolong tea(Camellia sinensis) at various growing altitudes and seasons. Food Chem, 119(2): 648-652.

Chu K O, Wang C C, Rogers M S, et al. 2004. Determination of catechins and catechin gallates in biological fluids by HPLC with coulometric array detection and solid phase extraction. Anal Chim Acta, 510(1): 69-76.

Dalluge J J, Nelson B C. 2000. Determination of tea catechins. J Chromatogr A, 881(1-2): 411-424.

Fanali C, Rocco A, Aturki Z, et al. 2012. Analysis of polyphenols and methylxantines in tea samples by means of nano-liquid chromatography utilizing capillary columns packed with core-shell particles. J Chromatogr A, 1234: 38-44.

Horie H, Kohata K. 2000. Analysis of tea components by high-performance liquid chromatography and high-performance capillary electrophoresis. J Chromatogr A, 881(1-2): 425-438.

Hu B, Wang L, Zhou B, et al. 2009. Efficient procedure for isolating methylated catechins from green tea and effective simultaneous analysis of ten catechins, three purine alkaloids, and gallic acid in tea by high-performance liquid chromatography with diode array detection. J Chromatogr A, 1216(15): 3223-3231.

Neilson A P, Green R J, Wood K V, et al. 2006. High-throughput analysis of catechins and theaflavins by high performance liquid chromatography with diode array detection. J Chromatogr A, 1132(1-2): 132-140.

Wang Y X, Li Q, Wang Q, et al. 2012. Simultaneous determination of seven bioactive components in oolong tea camellia sinensis: Quality control by chemical composition and HPLC fingerprints. J Agric Food Chem, 60(1): 256-260.

(叶能胜)

实验22 适配子生物传感器比色法检测水溶液中的钾离子

一、实验目的

(1) 掌握紫外分光光度计的使用方法。
(2) 掌握适配子生物传感器检测钾离子的传感原理。
(3) 掌握水溶性金纳米粒子的制备方法。

二、实验原理

比色法因具有不需要专门的仪器和能被肉眼直接观察的优点而被普遍使用。适配子功能化金纳米粒子比色法是非常流行的,由于一方面金纳米粒子具有高消光系数和金颗粒之间距离依赖光学性能,因此金纳米粒子的颜色受粒子的稳定性以及粒子间距离的影响,分散的金纳米粒子呈现酒红色,然而聚集的金纳米粒子显蓝紫色;另一方面,相对于抗体来说,适配子作为识别元素具有高亲和力和对目标物的特异性。

单链的 DNA 吸附在金纳米粒子上,由于带有磷酸根骨架的适配子和金纳米粒子带负电,因此适配子和金纳米粒子相互排斥,处于稳定的分散状态,观察到的金纳米粒子为酒红色。在高浓度的钾离子出现时,适配子形成 G 四分体,钾离子充当一个桥梁把两适配子功能化的金纳米粒子连在一起,导致金纳米粒子团聚出现蓝紫色,从而导致吸光度不断减小,其原理见图 2-29。

三、仪器和试剂

仪器:紫外-可见分光光度计,超声振荡仪,孵化箱,分析天平,比色皿,10 μL、100 μL、1000 μL 移液枪,250 mL 三颈瓶,磁力搅拌加热套,1 mL、5 mL 移液管。

试剂:5′-TTTGGTTGGTGTGGTTGGTTT-3′,1% $HAuCl_4$ 溶液,1%柠檬酸钠水溶液,Tris-HCl(pH=7.41)缓冲溶液,Ca^{2+}、Mg^{2+}、Na^+、Fe^{2+}、Zn^{2+}溶液。

四、实验步骤

(1) 15 nm 金纳米粒子的制备:取 1 mL 1% $HAuCl_4$ 溶液,加入 99 mL 蒸馏水,加热沸腾,迅速向其中加入 5 mL 1%柠檬酸钠,剧烈搅拌,溶液颜色由无色逐渐变为红色。继续加热 15 min 后停止加热,并继续搅拌至室温,得到(15±2)nm 金纳米粒子。

(2) 配制不同浓度(10^{-3} mol/L、10^{-4} mol/L、10^{-5} mol/L)的钾离子溶液。

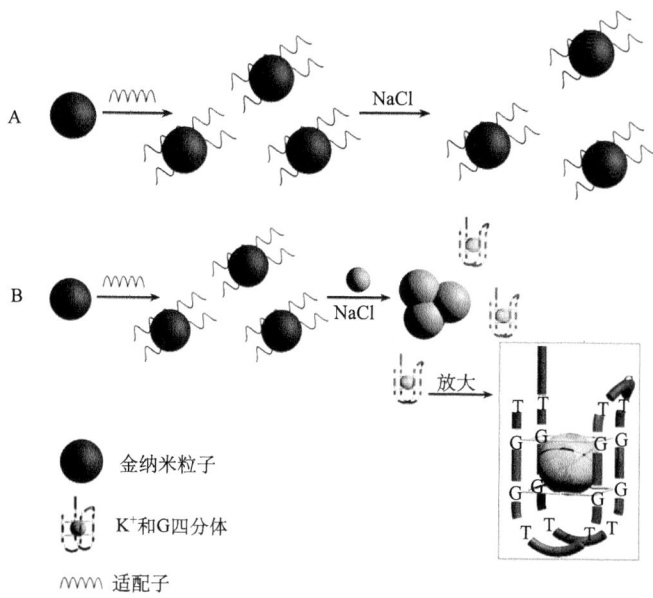

图 2-29 比色法检测钾离子

(3) 10^{-6} mol/L 钾离子 DNA 溶液的配制和处理（加热和冷却）：将 10^{-6} mol/L 钾离子 DNA 溶液加热到 80 ℃，保持 5 min 后自然冷却到室温，该步目的是保持 DNA 链的灵活性，能更有效地捕捉到钾离子。

(4) 钾离子适配子传感器的制备：将金溶胶和适配子在超声振荡下充分混合 10 min 后，放在 37 ℃孵化 20 min。

(5) 对不同浓度的钾离子进行比色法检测：采用向 Tris-HCl(pH=7.41) 缓冲溶液连续滴加不同浓度的钾离子溶液的方式，得到不同浓度（$10^{-9} \sim 10^{-3}$ mol/L）的钾离子存在时的吸收光谱曲线。

(6) 利用不同的金属离子（1 μmol/L Ca^{2+}、Mg^{2+}、Na^+、Fe^{2+}、Zn^{2+}）作为干扰物对钾离子进行专一性实验。

(7) 利用加标回收率的方法进行实际样品（自来水）检测。

五、注意事项

(1) 切勿将任何样品或溶液溅于分光光度计上或样品室内，应保持样品室的清洁和干燥。

(2) 注意保护比色皿，比色皿的光洁面必须清洁干净，不准用手触摸。光洁面外有污物或溶液，要用擦镜纸轻轻拭去后，再放入样品室。

(3) 正确使用移液枪，一定不要超过量程刻度。

六、思考题

(1) 绘制钾离子在水溶液中的光谱时,应如何选择参比溶液?

(2) 比色法检测钾离子有何优点?

(3) DNA 使用前加热和冷却的目的是什么?

(陈郑博)

实验 23 利用近红外光谱测定柑橘的酸度

一、实验目的

(1) 熟悉近红外光谱仪的使用。
(2) 掌握近红外光谱法定量测量的步骤。
(3) 利用仪器自带的化学计量学软件熟练地建立定量模型。

二、实验原理

近红外光是介于可见光和中红外光之间的电磁辐射波,美国材料与试验协会(ASTM)将近红外光谱(near infrared,NIR)定义为 780~2526 nm 的区域,是人们在吸收光谱中发现的第一个非可见光区。近红外光谱区与有机分子中含氢基团(OH、NH、CH)振动的合频和各级倍频的吸收区一致。通过扫描样品的近红外光谱,可以得到样品中有机分子含氢基团的特征信息。而且利用近红外光谱技术分析样品具有方便、快速、高效、准确和成本较低、不破坏样品、不消耗化学试剂、不污染环境等优点,特别适用于食品品质分析、食品品种及产地鉴别,因此该技术受到越来越多人的青睐。

近红外区的光谱吸收带是有机物质中能量较高的化学键(主要是 CH、OH、NH)在中红外光谱区基频吸收的倍频、合频和差频吸收带叠加而成的。由于近红外光谱区光谱的严重重叠性和不连续性,物质近红外光谱中的与组分含量和性质参数相关的信息很难直接提取出来并给予合理的光谱解析。因此,依靠传统的建立工作曲线的方法进行定量分析是十分困难的,化学计量学的发展为这一问题的解决奠定了数学基础。其工作原理是,如果样品的组成相同,则其光谱也相同,反之亦然。如果建立了光谱与待测参数之间的对应关系(称为分析模型),则只要测得样品的光谱,通过光谱和上述对应关系,就能很快得到所需要的组分含量和性质参数数据。分析方法包括校正和预测两个过程:

(1) 在校正过程中,收集一定量有代表性的样品(一般需要 80 个样品以上),在测量其光谱图的同时,根据需要使用有关标准分析方法进行测量,得到样品的各种组分含量和性质参数,称为参考数据。通过化学计量学对光谱进行处理,并将其与参考数据关联,这样在光谱图和其参考数据之间建立一一对应映射关系,通常称为模型。虽然建立模型所使用的样本数目很有限,但通过化学计量学处理得到的模型应具有较强的普适性。建立模型所使用的校正方法视样品光谱与待分析的性质关系不同而异,常用的有多元线性回归法、主成分回归法、偏最小二乘法、人工神经网络和拓扑方法等。显然,模型所适用的范围越宽越好,但是模型的范围大小与建立模型所使用的校正方法、待测的性质数据和测量所要求达到的分析精度范围有关。实际应用中,建立模型都是通过化学计量学软件实现的,并且有严格的规范(如 ASTM6500 标准)。

(2)在预测过程中,首先使用近红外光谱仪测定待测样品的光谱图,通过软件自动对模型库进行检索,选择正确模型计算待测参数。

近红外分析技术分析速度快,是因为光谱测量速度很快,计算机计算结果速度也很快。但近红外分析的效率取决于仪器所配备的模型的数目。例如,测量一张光谱图,如果仅有一个模型,只能得到一个数据,如果建立了 10 种数据模型,则仅凭测量的一张光谱,可以同时得到 10 种分析数据。

在影响柑橘口感的因素中,酸度的研究一直存在着损伤样品、不易操作的缺点。近红外光谱分析技术以其快速、无创、稳定、低耗和无污染等特点,已经被广泛地应用于食品行业和果品无损伤检测领域。

在本实验中,利用近红外光谱无损、快速的特点对柑橘的酸度进行测量。该方法一旦建立了化学计量学方法,其预测过程简单快速,可用于在线检测过程,其工作原理见图 2-30。

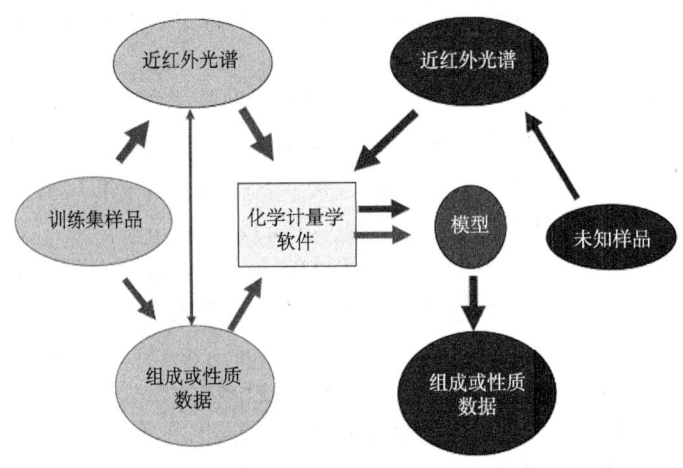

图 2-30 实验原理

三、仪器和试剂

仪器:近红外光谱仪,笔式酸度计,100 mL 烧杯,电子天平,50 mL 移液管,干净纱布,手动榨汁机,容量瓶,锥形瓶,烧杯,干燥器。

试剂:柑橘 50 个,蒸馏水。

四、实验步骤

1. 光谱的测量

利用近红外光谱仪使用配套软件 RIMP client，在室温下以空气作空白，用积分球漫反射法采集所有样品的近红外光谱。扫描范围为 1000~1800 nm，光谱扫描间隔为 1 nm。每个样本在赤道部位取 4 个点进行测定(间隔约 90°)，最后取 4 个测量点的平均光谱进行分析。使用仪器配置的 Simplicity 光谱采集软件进行漫反射光谱采集。每个测量点扫描 32 次，利用软件对每个样品 4 个部位的 32 条漫反射光谱求平均值，存入计算机，作为建立近红外判别模型和验证模型的光谱数据。

2. 柑橘的酸度测定

50 个柑橘样品，每个样品在 4 个近红外光谱测量点共取约 10 g 果肉，添加 100 mL 蒸馏水榨汁，用移液管移取 50 mL 果汁，置于 100 mL 烧杯中，用笔式酸度计测量柑橘的酸度。

3. 化学计量学建模

近红外原始光谱不但包含许多与结构相关的信息，还包含许多干扰因素，这些因素将影响模型的建立效果。光谱预处理就是采用数学方法减弱干扰因素对光谱的影响，提取有用信息，以提高模型分析的准确性和可靠性。主成分分析(principal component analysis, PCA)是一种有效的特征压缩方法，它把原有的各个特征变量利用线性变换得到一批新特征变量，新特征变量既保留了原有特征的主要信息，又减少了特征个数，有利于数据的观察，同时损失的信息量小。

采用近红外光谱仪配置的 CM-2000 化学计量学软件方法，选取最佳波段。如果波长范围过宽，可能会引入不必要的变量，干扰所建立的模型，影响模型的预测能力。如果波长范围过窄，可能会人为丢失重要变量，造成预测偏差增大。因此，波长范围选取要适当，才能得到较好的预测结果。

将 50 个样品随机分为两类，38 个样品作训练集，12 个样品作测试集。将选取出来的变量用偏最小二乘法建立柑橘的酸度预测分析模型。用所建模型预测 12 个测试集样品的酸度值。

偏最小二乘判别法(PLS-DA)是目前应用较广泛的一种光谱分析方法，可以实现全谱或部分谱数据的分析；得到的特征值向量直接与被测组分的性质相关；对于该样本数量少、变量多的情况尤其有优越性。

五、实验安排

为了合理安排时间，分两次测量 50 个柑橘的酸度值及其近红外光谱数据。6 名学生分两组，每次测量柑橘个数为 25 个。

(1) 1~6 学时：A 组学生测量 25 个柑橘的近红外光谱图，B 组学生测量柑橘的酸度。

(2) 6~12 学时：B 组学生测量剩余 25 个柑橘的近红外光谱图，A 组学生测量柑橘的酸度。

(3) 13~18 学时：用化学计量学方法建立 50 个柑橘的近红外光谱数据与酸度值之间的数学模型。

参 考 文 献

韩东海, 王加华. 2008. 水果内部品质近红外光谱无损检测研究进展. 中国激光, 35: 1123-1131.

杨帆, 李雅婷, 顾轩, 等. 2012. 便携式近红外光谱仪测定苹果酸度和抗坏血酸的研究. 光谱学与光谱分析, 31: 2386-2389.

袁雷明, 孙力, 林颢, 等. 2013. 基于感官品尝的柑橘糖度近红外光谱模型的简化. 光谱学与光谱分析, 33: 2387-2391.

实验 24　普鲁士蓝薄膜修饰电极的制备及基于不同原理对钾离子和过氧化氢的分析测定

一、实验目的

(1) 掌握一种制备化学修饰电极的方法。
(2) 掌握一种电化学修饰电极电化学性质表征与定量分析的方法。

二、实验原理

由于电化学反应一般在电极/溶液界面进行，因此电极表面的性能是进行电化学反应的关键因素。要改善电极表面的性能，往往需要对电极表面进行有目的的修饰，使电极具有所期望的性能。通过吸附、聚合、共价键合等手段把具有不同功能、特点的物质修饰到电极表面，借助这些修饰剂的特性来提高电极的选择性、灵敏度，从而可以进行我们所希望的电极反应，达到在分子水平上实现电极功能设计的目的。化学修饰电极构成了一种具有某种预定性质的近代电极体系，与其他电极相比，最突出的特性是在电极表面附着或涂敷具有选择性化学基团的一层薄膜（从单分子层到几微米）。它是按照人们意图设计的，并赋予了电极某种特定的性质，如化学性能、电化学性能、光学性能和传输性能等，因此化学修饰电极在提高选择性和灵敏度方面具有独特的优越性。

化学修饰电极可利用电催化反应提高测定的选择性和灵敏性；可利用离子交换表面配位反应进行富集分离；可利用修饰膜的渗透选择性，起到"分子筛"作用而进行分离；可利用媒介作用，加速氧化还原蛋白质在电极表面的电子传递过程；可利用专一结合作用，将抗原/抗体专一结合与化学放大作用相结合，设计新型电化学生物传感器。化学修饰电极在分析测定方面有着十分广泛的应用。

电沉积是一种非常有效的构建金属氧化物膜的方法，尤其是能够得到特定的薄膜。电沉积法的另一个优势是通过电沉积得到的薄膜能很好地直接附着在基底表面而不需要其他物质的辅助，并且可以通过对电沉积实验条件的控制来实现对薄膜厚度的控制。

多核过渡金属氰化物是一类重要的不可溶金属混合价态化合物，基本分子式为 $M_K^A\left[M^B(CN)_6\right]_l$，式中 M^A 和 M^B 为具有不同氧化价态的过渡金属，其内层和外层过渡金属可以是相同的，也可以是不同的。原型过渡金属氰化物为普鲁士蓝(PB)，它是文献上最早报道的配位化合物。PB 及其类似物是一类重要的混合价态化合物，它在磁性材料、分子滤膜、固态电池、电色器件、生物传感器等诸多领域都有广泛的应用前景。

1. PB 膜电沉积

PB 修饰电极出现于 1978 年。PB 及其类似物修饰电极由于其独特的稳定性、电色效应与电催化性能等，引起了电化学工作者的高度重视。获得形貌可控、厚度控制在纳米尺度范围内的 PB 薄膜是其在上述领域应用的关键。

合成 PB 及其类似物的传统方法是在含有大量碱金属离子的支持电解质及金属离子和金属氰根配合物同时存在的条件下用化学法或电化学法从反应液中直接沉积，也可从含 PB 纳米粒子的溶液中通过浸泡、滴涂或浇铸法制备。本实验采用从单组分铁氰化钾酸性溶液中一步法电化学沉积结构致密的 PB 薄膜。该方法具有方便、快速的特点。

当控制电极电位负于铁氰化钾的还原电位时，铁氰酸根离子被还原成亚铁氰酸根离子，它与从 $K_3[Fe(CN)_6]$ 中解离出的极少量的三价铁离子配位生成 PB。

$$[Fe(CN)_6]^{3-} + e^- \longrightarrow [Fe(CN)_6]^{4-} \tag{2-6}$$

$$x K^+ + x Fe^{3+} + x[Fe(CN)_6]^{4-} \longrightarrow [KFe(CN)_6 Fe]_x \tag{2-7}$$

或者溶液中的铁离子被还原成亚铁离子，再与溶液中的铁氰化钾配位生成 PB。

$$Fe^{3+} + e^- \longrightarrow Fe^{2+} \tag{2-8}$$

$$x K^+ + x Fe^{2+} + x[Fe(CN)_6]^{3-} \longrightarrow [KFe(CN)_6 Fe]_x \tag{2-9}$$

在 pH=1.6 的铁氰化钾溶液中，PB 的沉积速率最大。当溶液酸度低于这一值时，由于表面析氢影响，电极表面沉积 PB 的量减少；而当溶液 pH>1.6 时，PB 的沉积速率急剧降低。

2. 对钾离子选择性测定的原理

PB 及其类似物发生氧化还原反应的同时，会涉及碱金属阳离子在化合物结构中的迁入迁出，基于这一事实可以将修饰 PB 薄膜的电极用于钾离子的传感。为了获得优良的离子选择性，需要制备致密、无缺陷的选择性膜，以防止通过这些缺陷或空隙产生非特异性离子选择行为。

过渡金属氰化物的三维聚合物网状结构在无机结构中是很独特的，它具有沸石特性，并能在水合溶剂中很快与部分阳离子发生交换，以平衡其电化学氧化还原反应过程中的膜电荷。该离子选择性传输可按水合离子半径和晶格通道半径来解释，约 1.6 Å 的通道半径适合 K^+、Rb^+、Cs^+ 和 NH_4^+ 穿透，这些离子的水合半径分别为 1.25 Å、1.28 Å、1.19 Å 和 1.25 Å。已发现 K^+、Rb^+、Cs^+ 和 NH_4^+ 能维持膜的循环氧化还原反应，但在 Na^+、Li^+、H^+ 和所有 II 族阳离子的存在下循环反应被阻止。

根据这些实验现象，可以选择性地测定溶液中钾离子的浓度。随着溶液中钾离子浓度的降低，PB 位于 0.17 V(vs. SCE)处的峰电流逐渐下降，峰电位也相应地逐渐负移，峰电位的移动符合经典的能斯特方程，因而将该尖峰电位与 K^+ 浓度的对数作图，可获得线性良好的直线。本方法制备的普鲁士蓝超薄膜修饰电极具有均匀、致密的膜结构，在很宽的浓度范围内($2.0\times10^{-5}\sim2.0$ mol/L)对 K^+ 显示能斯特响应。

3. PB 修饰电极对过氧化氢的分析

由于 PB 能够电催化还原 H_2O_2、酶反应的产物，理论上它就可能发展成为一种新的生物传感器。由于 PB 对 H_2O_2 的电还原具有高催化活性和选择性，以 PB 为基础的电催化剂称为人工过氧化物酶。对 PB 各种生物传感器的研究近年来大量出现，如葡萄糖传感器、尿酸传感器、胆固醇传感器、乙醇传感器等。

三、仪器和试剂

仪器：电化学工作站，金电极，参比电极 Ag/AgCl(饱和 KCl)，铂丝对电极，电解池，25 mL、50 mL 烧杯，50 mL、100 mL 容量瓶，10 mL 量筒，1 mL、5 mL 移液管。

试剂：0.1 mol/L $K_3[Fe(CN)_6]$，2.0 mol/L KNO_3，0.50 mol/L H_2SO_4，K_2SO_4，$Fe_2(SO_4)_3$。

四、实验步骤

1. 沉积液的配制

在 100 mL 容量瓶中配制 1×10^{-3} mol/L $K_3[Fe(CN)_6]$ + 0.1 mol/L K_2SO_4 溶液，定容前在溶液中加入 7.5 mL 0.50 mol/L H_2SO_4（所得溶液 pH 约为 1.6）。

2. PB 膜的制备

将适量沉积液倒入电解池中，插入抛光的金电极、饱和甘汞电极和铂丝对电极，构成三电极电化学系统，在-0.2~0.9 V 的电位范围内以扫描速率 100 mV/s 连续扫描 50 圈，记录循环伏安图。将制备的 PB 膜修饰电极用二次水冲洗，备用。进行以下处理：①测定钾离子的电极，修饰电极在 0.1 mol/L K_2SO_4 溶液中以 100 mV/s 扫描速率、在-0.2~1.0 V 进行线性扫描，记录循环伏安图，在 2.0 mol/L KNO_3 溶液中以 100 mV/s 扫描速率、在-0.2~1.0 V 进行线性扫描，记录循环伏安图；②测定过氧化氢的电极，在 0.1 mol/L KCl 溶液中以 100 mV/s 扫描速率、在-0.2~1.0 V 进行线性扫描，记录循环伏安图。

3. 不同浓度钾离子的测定

在 50 mL 容量瓶中分别配制浓度为 2.0 mol/L、2.0×10^{-1} mol/L、2.0×10^{-2} mol/L、

2.0×10^{-3} mol/L、2.0×10^{-4} mol/L、2.0×10^{-5} mol/L 的 KNO_3 溶液。

以 100 mV/s 扫描速率、在 +0.5～–0.5 V 进行线性扫描，分别记录上述 KNO_3 溶液的线性扫描曲线。

4. 未知浓度钾离子的测定

以 100 mV/s 扫描速率、在 +0.5～–0.5 V 进行线性扫描，记录未知钾离子溶液的线性扫描曲线。

5. 不同浓度过氧化氢的测定

在 50 mL 容量瓶中分别配制浓度为 1 mmol/L、2 mmol/L、3 mmol/L、4 mmol/L、5 mmol/L 的过氧化氢溶液(内含 0.1 mol/L KCl)。

以 20 mV/s 扫描速率、在 +0.6～–0.2 V 进行线性扫描，分别记录上述过氧化氢溶液的线性扫描曲线。

6. 未知浓度过氧化氢的测定

以 20 mV/s 扫描速率、在 +0.6～–0.2 V 进行线性扫描，记录未知过氧化氢溶液的线性扫描曲线。

五、结果处理

(1)绘制 PB 膜修饰电极制备过程中第 1 圈和第 50 圈以及修饰电极在 0.1 mol/L K_2SO_4 溶液中的循环伏安图(图 2-31 和图 2-32)。

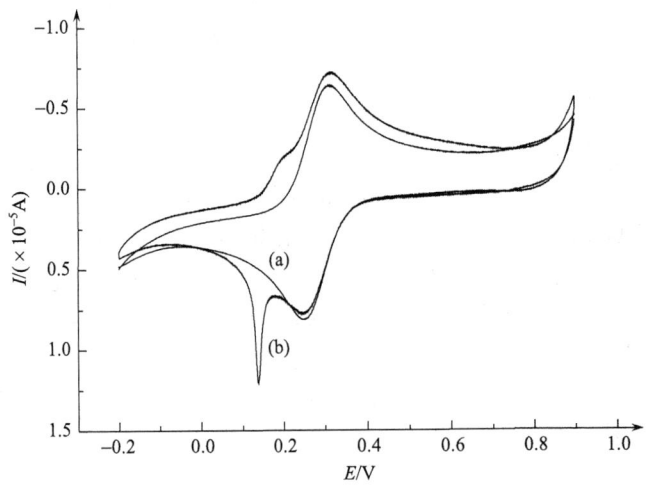

图 2-31　PB 膜修饰电极制备过程中的循环伏安图

(a)第 1 圈；(b)第 50 圈

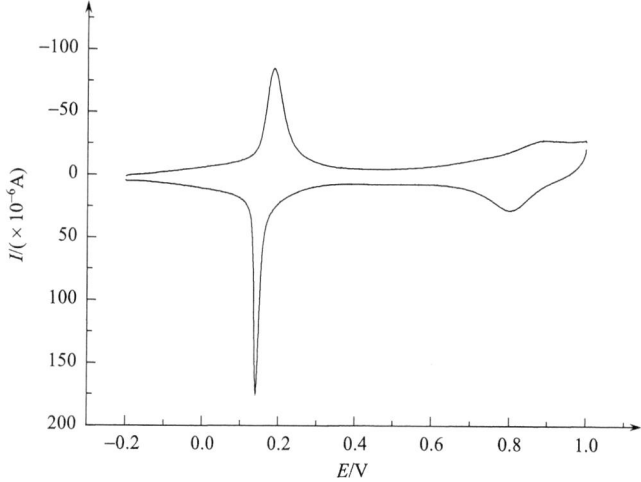

图 2-32 修饰电极在 0.1 mol/L K_2SO_4 溶液中的循环伏安图

(2) 绘制不同浓度钾离子溶液中 PB 膜修饰电极的循环伏安图(图 2-33)。

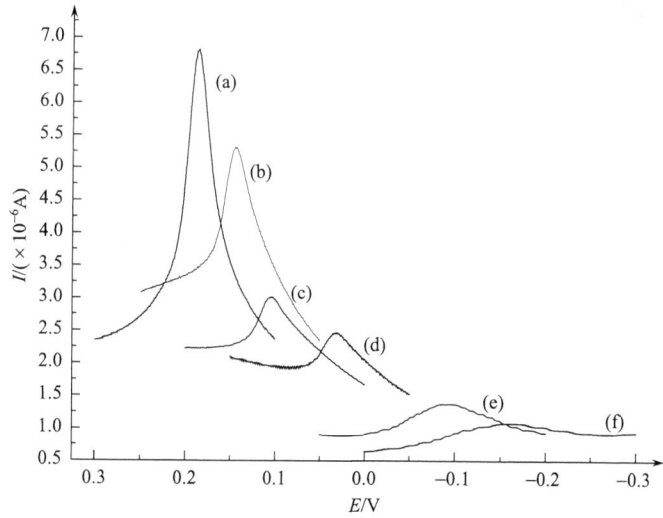

图 2-33 不同浓度钾离子溶液中 PB 膜修饰电极的循环伏安图

(a) 2.0 mol/L; (b) 2.0×10^{-1} mol/L; (c) 2.0×10^{-2} mol/L; (d) 2.0×10^{-3} mol/L; (e) 2.0×10^{-4} mol/L; (f) 2.0×10^{-5} mol/L

(3) 绘制电位随钾离子浓度变化的响应曲线(图 2-34),计算斜率(斜率为 0.0714)。

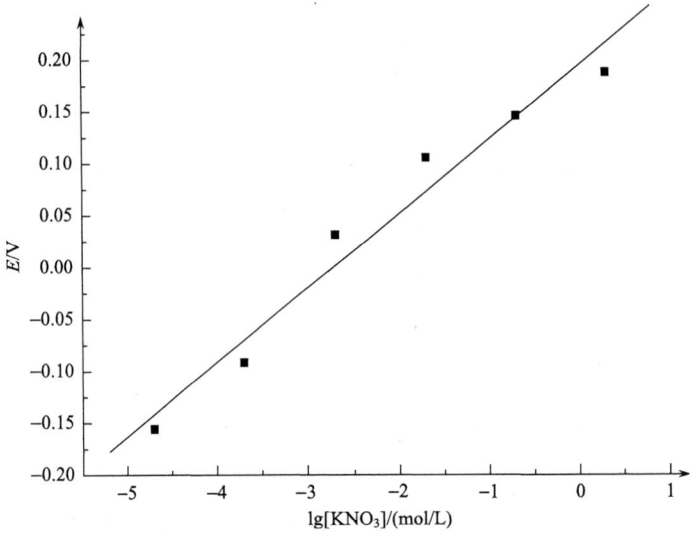

图 2-34 电位随钾离子浓度变化的响应曲线

(4) 计算未知液的钾离子浓度。

六、注意事项

(1) 工作电极表面仔细打磨抛光,否则残留的普鲁士蓝对聚合曲线的形状影响很大。

(2) 测量钾离子浓度时插入电极后应等一段时间,待溶液稳定后再进行扫描。

(3) 测定过氧化氢时,要尽快测定,以免过氧化氢分解。

(林雨青)

实验 25　荧光光谱仪检测罗丹明 B 的稳态光谱、寿命及其量子产率

一、实验目的

(1) 了解荧光产生的机理和一些相关概念。
(2) 学习荧光光谱仪的结构和工作原理。
(3) 掌握荧光稳态光谱、瞬态光谱、寿命及量子产率的测量方法。
(4) 了解荧光光谱在物质特性分析和实际中的初步应用。

二、实验原理

时间相关单光子计数(time-correlated single photon counting)原理是FLS920测量荧光寿命的工作基础。时间相关单光子计数法简称单光子计数(SPC)法，其基本原理是，脉冲光源激发样品后，样品发出荧光光子信号，每次脉冲后只记录某特定波长单个光子出现的时间 t，经过多次计数，测得荧光光子出现的概率分布 $P(t)$，$P(t)$ 曲线就相当于激发停止后荧光强度随时间衰减的 $I(t)$ 曲线，与一束光(许多光子)通过一个小孔形成的衍射图和单个光子一个一个地通过小孔长时间累计可得完全相同的衍射图的原理是一样的。

三、仪器和试剂

仪器：FLS920 瞬态稳态荧光仪。

试剂：罗丹明B，乙醇。

四、实验步骤

1. 稳态荧光光谱的测定

(1) 打开 Xe900 电源，待其稳定，稳定后电压 16～17 V，电流 25 A。
(2) 打开 CO1 电源和 FLS920 主机电源。
(3) 打开计算机，双击桌面上 FLS920 图标，进入工作站。
(4) 点击窗口左上角的 按钮，进入 Signal Rate 设置窗口，先将 Excitation Wavelength 和 Em1 Wavelength 处的 $\Delta\lambda$ 均设置为 0.01 nm，按回车键(Enter)或点击"Apply"确认，再将 Source 设置为 Xe900，Em1 Detector 设置为 Red PMT 探测器，然后点击"Apply"。
(5) 打开样品室的盖子，放入待测样品，然后盖好。

(6) 在 Signal Rate 设置窗口内输入相应的 Excitation Wavelength 和 Em1 Wavelength 值，逐渐加大 Δλ，使 Em1 获得一个合适的 Signal Rate（注意：在设置后需要按回车键或点击"Apply"才真正生效，Ref 的 Signal Rate 不要超过 10^7，Em1 的 Signal Rate 千万不要超过 10^6）。

(7) 选择 Excitation Scan，进入设置窗口，在 Excitation Scan Parameters 内设置波长扫描范围、扫描间隔（Step）、停留时间（Dwell Time）和扫描次数（Number of Scans），设置完毕后点击"Start"即开始测量，得到激发光谱。

(8) 选择 Emission Scan，进入设置窗口，在 Emission Scan Parameters 内设置波长扫描范围、扫描间隔（Step）、停留时间（Dwell Time）和扫描次数（Number of Scans），设置完毕后点击"Start"即开始测量，得到发射光谱（荧光光谱）。

2. 激光器测寿命

(1) 调节衰减片至最小挡位。

(2) 进入 Signal Rate 设置窗口，将 Source 设置为 nf 或关闭氙灯 Xe900。不能在 Ex wavelength 里填写 404 nm±15 nm 的波长，即不能在 389～419 nm 取值。

(3) 开启电源，待 laser ready 对应的灯亮且不再闪烁时可以按 laser on/off，laser on 对应的灯闪两下后即稳定，此时可以在样品上看到激光的散射光（注意：激光器开启温度需达到 25 ℃左右，如果温度过低，激光器将不能开启）。

(4) 点击"Manual Lifetime"，查看窗口中 Start Rate 的读数，可调节激光器上的 Pulse Period，对应的时间的倒数即为 Stop Rate 中的读数。

(5) 用液体样品架时需在架子透光侧放置一挡光的黑色铁块吸收热量。

(6) 样品放好以后，放置大于 407 nm 约 450 nm 的滤光片，盖上盖子。调节衰减片，直至窗口中的 Stop Rate 为频率的 1/20。与氢灯一样，设置合适的时间段、Stop Condition 等，点击"New"查看信号。若出现多个峰，则需要减少激光频率，即调小 Pulse Period。

(7) 短寿命的样品同样需要做空白校正实验。将 Lifetime 窗口关闭，打开 Signal Rate 窗口。对于液体样品，在同样的比色皿内放置硅胶水溶液作为散射体。对于固体样品，可以依靠固体表面的散射作为信号。在移开样品室盖子的情况下，在 Signal Rate 窗口中设置 Iris 从 100～1。将发射波长设为与激发波长一致。狭缝宽度不能改动。将盖子盖上，查看 Em 信号强度。调节 Iris 直至信号强度变大并且不超过 2000。

(8) 关闭 Signal Rate 窗口，打开 Manual Lifetime 窗口，在不改变任何设置的情况下，点击上面窗口的 IRF、add 选框。点击"New"按钮，软件立即开始进行采集操作并叠加到原来窗口。

(9)用软件的放大镜功能,选中需要的信号部分。一般为信号顶端前即信号上升沿至信号衰减到噪声部分为止。

(10)点击"Data/Exponential Fit/Reconvolution Fit",进行寿命拟合。在拟合窗口的 τ1 空框内写入接近所测样品寿命的值,点击"Apply",软件即进行相应的计算,最后得出实际测得的荧光寿命及其相应的误差。χ_2 一般为 1~1.3,Residuals 曲线应均匀分布在标线 0 的两边,没有大的曲线抖动即为比较符合真实值的数据。

3. 积分球测量子产率

(1)参照"稳态荧光光谱的测定",获取待测样品的最佳激发波长及发射光谱范围。

(2)拆卸"激发"与"发射"两组镜头和样品底座,如图 2-35 所示。将积分球放置进样品室,拧紧固定螺丝。

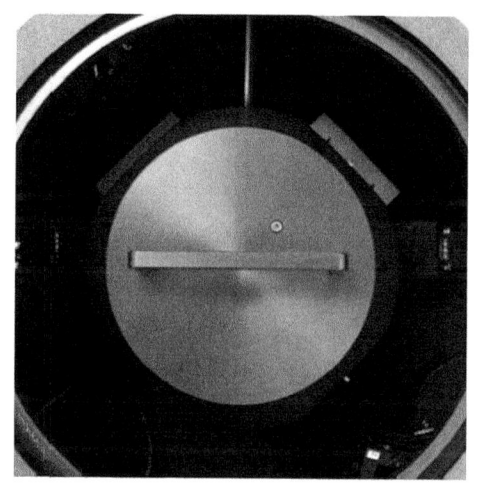

图 2-35　仪器装置图

(3)打开积分球上半部分,将装有溶剂的比色皿放置在积分球中,并将控制旋钮旋至"CUVETTE"位置,盖上积分球上半部分,盖上样品室盖子(溶液样品与粉末样品放置方法如图 2-36 所示)。

(4)点击窗口左上角的按钮,进入 Signal Rate 设置窗口,按照下列参数进行设置:

 a. 激发波长=发射波长=最佳激发波长[步骤(1)]。

 b. 激发狭缝宽度=3~5 nm;发射狭缝宽度=0.1~0.2 nm;Iris=1~100。

 c. Source 设置为 Xe900,Em1 Detector 设置为 Red PMT Sphere。

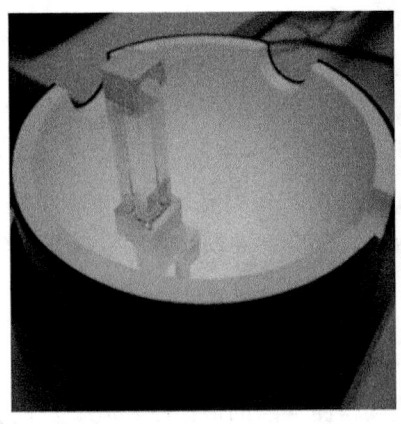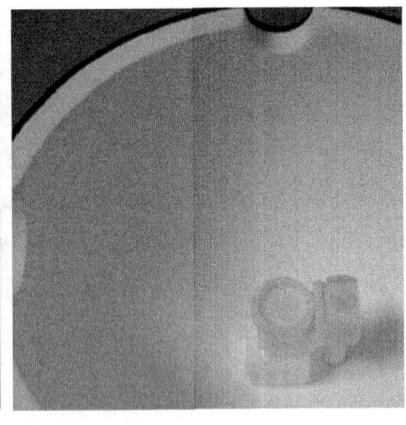

图 2-36　溶液样品与粉末样品放置方法示意图

d. 调节 Iris，直到 Em1 的 cps 取值为 500 000～1 000 000；点击"Apply"，关闭。

(5) 选择 Emission Scan，进入设置窗口，在 Emission Scan Parameters 内设置扫描间隔(Step=0.2)、停留时间(Dwell Time=0.3)和扫描次数(Number of Scans=3)。

a. 设置波长宽度为：激发波长-6 nm，激发波长+6 nm，测量完毕后，光谱命名为"Refscatter"。

b. 重新打开 Emission Scan，设置波长宽度=发射波长范围[步骤(1)]，测量完毕后，光谱命名为"Refemission"。

(6) 将装有溶剂的比色皿换成装有样品的比色皿，保持步骤(4)设置不变，重新进行步骤(5)操作，并将步骤(5)a 所得光谱命名为"Samscatter"，步骤(5)b 所得光谱命名为"Samemission"。

(7) 重新打开四个光谱图，使用 Join Visible 把光谱叠加，点击"Data"，选择 Quantum Field，按照提示选择相应曲线，点击"NEXT"，分别框选出激发范围光谱和发射范围光谱，最后用软件自动计算出相应的量子产率。

五、注意事项

(1) 在切换光源、修改设置或放样品之前必须把狭缝($\Delta\lambda$)关到最小(0.01 nm)，否则会损坏光电倍增管。如果打开样品室盖子之后，仪器的发射光谱信号增加，应停止实验。

(2) 测量样品的瞬态性质前，应了解样品的激发和发射光谱及最佳激发波长和发射波长。

(3) 用 PMT 检测时，必须待稳压电源 CO1 的温度示数在-18 ℃以下才可以开始采集数据。

(4) 狭缝范围 0.01～15 nm，调节时注意不要超过其上限。

(5) 每次设置完参数后都要点击"Apply"或按回车键确定。

(6) 文件保存路径为：C:\users\导师\自己文件夹。

(7) 实验数据由教师以电子邮件形式发送，严禁使用自带 U 盘复制数据。

六、思考题

(1) 对待测溶液进行预扫描有何作用？

(2) 激发波长整数倍处的荧光发射光谱有何特点？该波长是否适合进行定量分析？

(3) 在荧光测量时，为什么激发光的入射与荧光的接收不在一条直线上，而呈一定角度？

(刘月英)

实验26 pH响应型水凝胶的制备、表征与检测

一、实验目的

(1) 加深高分子化学知识的理解和掌握。

(2) 学习pH响应型水凝胶的响应原理,并在此基础上选择响应型凝胶的制备与处理条件。

(3) 根据pH响应型水凝胶的响应原理,设计并实现制得凝胶的表征与性质检测。

二、实验原理

响应型高分子是指材料的性质对环境(微小)刺激,如温度、pH、电场、溶剂性质、光强度和光波长、压力、离子强度、离子密度和特殊的化学刺激(如糖)等,产生剧烈响应而发生变化。

pH响应型高分子含有大量易水解或质子化的基团,是聚电解质。它利用酸、碱基团(如羧基或氨基)的电离平衡改变高分子的溶解度,高分子侧基可以可逆地进行质子化-去质子化,因此在不同pH水溶液中亲水性有很大差异。

常用的pH响应型高分子的单体为含乙烯基的酸或碱,采用自由基聚合的方法制备这类材料。pH响应型线性高分子材料都具有一个相分离敏感临界pH,在此pH附近发生溶解-沉淀。水凝胶是一类交联的高分子,能在水中溶胀并保持一定量的水分但又不溶解。pH响应型水凝胶能在临界pH附近发生溶胀或收缩。一般来说,在pH响应型线性聚合物体系中加入交联剂,就能制备出pH响应型水凝胶。

外界pH变化时,响应基团的解离程度相应改变,造成凝胶内外离子浓度的改变,以及离子间作用力的变化;另外,这些基团的解离还会破坏凝胶内相关的氢键,使凝胶网络内交联点发生变化,造成凝胶网络结构发生变化。如果单体的响应基团为酸性,其临界pH在酸性范围内,溶液pH大于临界pH时,pH响应型凝胶上的响应基团发生解离,使大分子链上带同种电荷,导致凝胶膨胀;反之,溶液pH小于临界pH时,凝胶收缩。如果响应基团呈碱性,其临界pH在碱性范围内,溶液pH小于临界pH时凝胶处于膨胀状态,反之凝胶收缩。适当增加单体的亲脂性,可使聚合物的临界pH向中性移动。

pH响应型水凝胶的膨胀-收缩性质使其在生物医学工程中得到广泛的应用。首先,pH响应型水凝胶被广泛用作药物及生物大分子的控制释放材料,使药物或起治疗作用的生物大分子按要求进行释放。其次,还可用于酶、抗原或抗体的固

定化。如果用来固定酶，随着水凝胶的膨胀-收缩，酶与底物能实现接触-分离，使酶的活性表现为"开"和"关"。

三、实验内容

(1)(第一次课完成)根据 pH 响应型高分子机理和实验备选试剂条件，结合已有高分子化学知识和文献信息，确定反应条件与步骤，并完成制备。

(2)(第二次课完成)预处理与测试。

(3)(第三次课完成)表征。

本实验是设计性实验，对整个实验内容只限制使用单体以及聚合方法类型，其余具体方案均由学生自行调研后设计。

四、仪器和试剂

仪器：电子天平，移液枪，烧杯，磁力搅拌器，集热磁力搅拌器，恒温水浴，外接循环水浴，氮气，紫外分光光度计，红外光谱仪，核磁共振波谱仪，质谱仪，扫描电子显微镜，透射电子显微镜。

单体：丙烯酰胺(AM)，丙烯酸(AA)，2-丙烯酰胺-2-甲基丙磺酸(AMPS)。

其他试剂：过硫酸铵(APS)，偶氮二异丁腈(AIBN)，N,N'-亚甲基双丙烯酰胺(BIS)，双甲基丙烯酸乙二醇酯(EGDMA)，N,N,N',N'-四甲基乙二胺(TEMED)，亚甲基蓝，磷酸氢二钠，磷酸二氢钾，柠檬酸，氢氧化钠。

五、实验步骤

1. 第一次实验

学生根据已有知识和现场文献查询做出详细实验方案，与教师讨论后确定实验方案。具体信息如下。

1)背景调查与条件限制

(1)调查 pH 响应型水凝胶的响应机理，了解实验室中目前备有的单体(单体分子结构、特征基团，检索相关响应型水凝胶文献)。

(2)自行设定或与指导教师共同议定本实验所制凝胶的 pH 响应范围与方式(酸膨胀、碱收缩，或反之)。

(3)根据 pH 响应范围与方式选择单体，确定成分。聚合物是均聚物还是共聚物？如果是共聚物，则比例如何设定？

(4)根据文献调查与选择的单体，确定单体浓度、引发剂和交联剂的种类与用量、适宜的反应温度。单体浓度需要严格管控，过浓的情况下发生暴聚很危险，会剧烈放热并喷发，密闭的反应器也会因此变成炸弹；温度方面侧重考虑引发剂，适宜是指足够使引发剂充分分解成自由基，同时又不宜过高以致引起暴聚。

(5) 根据单体、引发剂和交联剂的水溶性或油溶性，确定溶剂类型(水、醇水混合物、酮醇混合物。AIBN 适用有机溶剂，APS 适用水；对一些水溶性极差的单体，也需要使用有机溶剂)。

2) 实验准备

反应器设定为 50 mL 的圆底旋盖离心管，根据常识设定反应所需溶剂和反应物的量，列出具体数据准备实验。

注意：①单体用量的确定和占反应液比例的控制；②引发剂、交联剂用量的确定。

单体比例 W/V	单体质量	引发剂	其他实验条件，如温度应如何设定？是否需要通氮气？其他需要加入的试剂	备注

日期			操作人		
实验目的					
样品编号					
单体		名称	质量	物质的量	物质的量比
		名称	质量	物质的量	对单体质量比
引发剂					
交联剂					
其他					
溶剂					
反应液总体积					
氮气		是否使用		通氮时间	
温度		引发温度	加热温度		加热时间
实验记录		投放药品的状态(液体、固体)；药品单体投放顺序；操作流程			
现象与讨论					
药品来源					

2. 第二次实验

预处理方案要求：将凝胶切割成适宜大小，浸水洗涤、定期换水，浸洗一周。
响应性质测试方案：

后期处理方案	表征方案	响应性质检测方案	其他

日期		操作人	
自设计测试		实验目的	
		实验方法	
		测试结果记录	
讨论与结论			

3. 第三次实验

日期		操作人	
样品名称及编号			
仪器分析测试	测试项目名称	测试结果	
自设计测试		测试目的	
		测试方法	
		测试结果记录与分析	
讨论与总结			

六、思考题

(1) 进行高分子聚合时，应当如何选择引发剂？

(2) 什么是交联剂？

(3) pH 响应型水凝胶是如何在不同 pH 条件的刺激下做出响应（体积变化）的？

(4) 为什么要浸洗？

(5) 为什么浸泡可以实现清洗？

(6) 为什么要定期换水？

(7) 7 天的浸洗时间足够吗？是否一定能洗净？

（吉　琳）

实验 27　聚甲基丙烯酸甲酯的性能测定及评估

第一部分　凝胶渗透色谱法测定聚甲基丙烯酸甲酯的相对分子质量及相对分子质量分布

一、实验目的

(1) 了解凝胶渗透色谱的测量原理，初步掌握凝胶渗透色谱的进样、淋洗、接收、检测等操作技术。

(2) 掌握相对分子质量分布曲线的分析方法，得到聚甲基丙烯酸甲酯(PMMA)样品的数均相对分子质量、重均相对分子质量和多分散性指数。

二、实验原理

合成聚合物一般是由不同相对分子质量的同系物组成的混合物，具有两个特点：相对分子质量大和同系物的相对分子质量具有多分散性。目前在表示某一聚合物的相对分子质量时，一般同时给出其平均相对分子质量和相对分子质量分布。相对分子质量分布是指聚合物中各同系物的含量与其相对分子质量间的关系，可以用聚合物的相对分子质量分布曲线来描述。聚合物的物理性能与其相对分子质量和相对分子质量分布密切相关，因此对聚合物的相对分子质量和相对分子质量分布进行测定具有重要的科学和实际意义。同时，由于聚合物的相对分子质量和相对分子质量分布由聚合过程的机理决定，通过聚合物的相对分子质量和相对分子质量分布与聚合时间的关系可以研究聚合机理和聚合动力学。测定聚合物相对分子质量的方法有多种，如黏度法、端基分析法、超速离心沉降法、动态/静态光散射法和凝胶渗透色谱法(GPC)等。测定聚合物相对分子质量分布的方法主要有以下三种：

(1) 利用聚合物溶解度的相对分子质量依赖性，将试样分成相对分子质量不同的级分，从而得到试样的相对分子质量分布，如沉淀分级法和梯度淋洗分级法。

(2) 利用聚合物分子链在溶液中的分子运动性质得出相对分子质量分布，如超速离心沉降法。

(3) 利用聚合物体积的相对分子质量依赖性得到相对分子质量分布，如凝胶渗透色谱法(或称体积排阻色谱法)。

凝胶渗透色谱法具有快速、精确、重复性好等优点，目前成为科研和工业生产领域测定聚合物相对分子质量和相对分子质量分布的主要方法。

1. 分离机理

GPC 是液相色谱的一个分支，其分离部件是一个以多孔性凝胶作为载体的色谱柱，凝胶的表面与内部含有大量彼此贯穿的大小不等的孔洞。色谱柱总体积 V_t 由载体骨架体积 V_g、载体内部孔洞体积 V_i 和载体粒间体积 V_0 组成。GPC 的分离机理通常用空间排斥效应解释。待测聚合物试样以一定速率流经充满溶剂的色谱柱，溶质分子向填料孔洞渗透，渗透概率与分子尺寸有关，分为以下三种情况：①聚合物尺寸大于填料所有孔洞孔径，聚合物只能存在于凝胶颗粒之间的空隙中，淋出体积 $V_e=V_0$ 为定值；②聚合物尺寸小于填料所有孔洞孔径，聚合物可在所有凝胶孔洞之间填充，淋出体积 $V_e=V_0+V_i$ 为定值；③聚合物尺寸介于前两种之间，较大分子渗入孔洞的概率比较小分子渗入的概率小，在柱内流经的路程短，因而在柱中停留的时间也短，从而达到分离的目的。当聚合物溶液流经色谱柱时，较大的分子被排除在粒子的小孔之外，只能从粒子间的间隙通过，速率较快；而较小的分子可以进入粒子中的小孔，通过的速率慢得多。经过一定长度的色谱柱，不同相对分子质量的分子被分开，相对分子质量大的在前面(淋洗时间短)，相对分子质量小的在后面(淋洗时间长)。自试样进柱到被淋洗出来，所接收到的淋出液总体积称为该试样的淋出体积。当仪器和实验条件确定后，溶质的淋出体积与其相对分子质量有关，相对分子质量越大，其淋出体积越小。分子的淋出体积为

$$V_e=V_0+KV_i \tag{2-10}$$

式中，K 为分配系数，$0 \leq K \leq 1$。相对分子质量越大越趋向于第①种情况。

对于上述第①种情况 $K=0$，第②种情况 $K=1$，第③种情况 $0<K<1$。综上所述，对于分子尺寸与凝胶孔洞直径相匹配的溶质分子，都可以在 $V_0 \sim V_0+V_i$ 按照相对分子质量由大到小一次被淋洗出来。

2. 检测机理

除了将相对分子质量不同的分子分离开，还需要测定其含量和相对分子质量。实验中用示差折光仪测定淋出液的折光指数与纯溶剂的折光指数之差 Δn，而在稀溶液范围内 Δn 与淋出组分的相对浓度 Δc 成正比，则以 Δn 对淋出体积(或时间)作图可表征不同分子的浓度。图 2-37 为折光指数之差 Δn(浓度响应)对淋出体积(或时间)作图得到的 GPC 示意谱图。

3. 校正曲线

用已知相对分子质量的单分散标准聚合物预先作一条淋出体积(或时间)与相对分子质量对应关系曲线，称为校正曲线。聚合物中几乎找不到单分散的标准样，

一般用窄分布的试样代替。在相同的测试条件下,做一系列 GPC 标准谱图,对应不同相对分子质量样品的保留时间,以 lgM 对 t 作图,所得曲线即为校正曲线。用一组已知相对分子质量的单分散聚合物标准试样,以 lg M 对它们的峰顶位置的 V_e 作图,可得 GPC 校正曲线(图 2-38)。

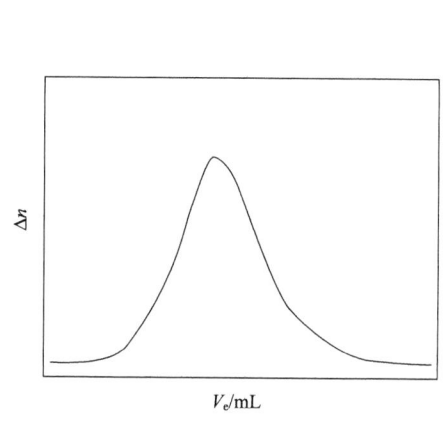

图 2-37 折光指数之差 Δn 对淋出体积作图得到的 GPC 示意谱图

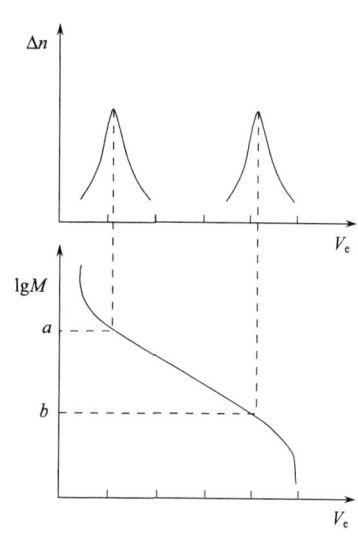

图 2-38 GPC 校正曲线示意图

由图 2-38 可见,当 lgM >a 与 lgM<b 时,曲线与纵轴平行,说明此时的淋出体积与试样的相对分子质量无关。$V_0+V_i \sim V_0$ 是凝胶选择性渗透分离的有效范围,即为校正曲线的直线部分,一般在这部分相对分子质量与淋出体积的关系可用简单的线性方程表示:

$$\lg M = A + BV_e \qquad (2\text{-}11)$$

式中,A、B 为常数,与聚合物、溶剂、温度、填料和仪器有关,其数值可由校正曲线得到。

对于不同类型的聚合物,在相对分子质量相同时,其分子尺寸并不一定相同。用聚苯乙烯(PS)作为标准样品得到的校正曲线不能直接应用于其他类型的聚合物。GPC 的测定需要借助于某一聚合物的标准样品在某种条件下测得的校正曲线,通过转换关系在相同条件下用于其他类型的聚合物试样。这种校正曲线称为普适校正曲线。根据 Flory 流体力学体积理论,对于柔性链,当式(2-12)成立时,两种高分子具有相同的流体力学体积:

$$[\eta]_1 M_1 = [\eta]_2 M_2 \qquad (2\text{-}12)$$

将 Mark-Houwink 方程 $[\eta] = KM^\alpha$ 代入式(2-12)可得

$$\lg M_2 = \frac{1}{1+\alpha_2} \lg \frac{K_1}{K_2} + \frac{1+\alpha_1}{1+\alpha_2} \lg M_1 \tag{2-13}$$

由此，若已知在测定条件下两种聚合物的 K、α 值，就可以根据标样的淋出体积与相对分子质量的关系换算出试样的淋出体积与相对分子质量的关系；只要知道某一淋出体积的相对分子质量 M_1，就可算出同一淋出体积下其他聚合物的相对分子质量 M_2。

4. 柱效率和分离度

与其他色谱分析方法相同，实际的分离过程非理想，相同相对分子质量试样的 GPC 谱图有一定分布，即使对于相对分子质量完全均一的试样，其 GPC 谱图上也有一个分布。采用柱效率和分离度能全面反映色谱柱性能的好坏。色谱柱的效率采用理论塔板数 N 进行描述。测定 N 的方法如下：使用一种相对分子质量均一的纯物质，如邻二氯苯、苯甲醇、乙腈和苯等，进行 GPC 测定，得到色谱峰如图 2-39 所示。

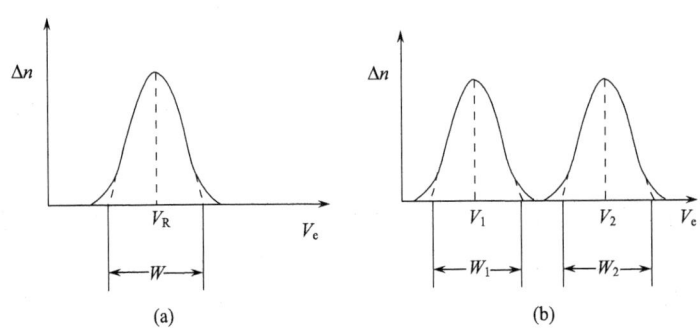

图 2-39　柱效率(a)和分离度(b)示意图

从图中得到峰顶位置淋出体积 V_R 和峰底宽 W，按照式(2-14)计算 N：

$$N = 16(V_R/W)^2 \tag{2-14}$$

对于相同长度的色谱柱，N 值越大，柱子效率越高。

GPC 柱子性能的好坏不仅与柱子的效率有关，还与柱子的分离能力有关，一般采用分离度 R 表示：

$$R = 2(V_2 - V_1)/(W_1 + W_2) \tag{2-15}$$

如图 2-39(b)所示的完全分离情形，此时 $R \geq 1$，当 $R < 1$ 时，分离是不完全的。

为了相对比较色谱柱的分离能力，定义比分离度 R_s，它表示相对分子质量相差 10 倍时的组分分离度，定义为

$$R_s = 2(V_2 - V_1)/(W_1 + W_2)(\lg M_{w1} - \lg M_{w2}) \tag{2-16}$$

三、仪器和试剂

仪器：凝胶渗透色谱仪（带有示差折光检测装置，B 型号色谱管×2），如图 2-40 所示。凝胶色谱仪主要由输液系统、进样器、色谱柱（可分离相对分子质量范围 $2×10^2 \sim 2×10^6$）、示差折光仪检测器、记录系统等组成。

图 2-40　凝胶渗透色谱仪

试剂：质量分数为 3‰的 PMMA 溶液试样，一系列不同相对分子质量的窄分布 PMMA 溶液，四氢呋喃。

四、实验步骤

(1) 调试运行仪器：选择匹配的色谱柱，在实验条件下测定校正曲线（一般是 40 ℃）。这一步一般由任课教师提前完成。

(2) 配制试样溶液：使用纯化后的分析纯溶剂配制试样溶液，浓度为 3‰。使用分析纯溶剂，需经过分子筛过滤，配制好的溶液需静置一天。

(3) 用注射器吸取四氢呋喃，进行冲洗，重复几次。然后吸取 5 mL 试样溶液，排出注射器内的空气，将针尖擦干。将六通阀扳到"准备"位置，将注射器插入进样口，调整软件及仪器到准备进样状态，将试样液缓缓注入，然后迅速将六通阀扳到"进样"位置。将注射器拔出，并用四氢呋喃清洗。

抽取试样时，注意赶走内部的空气；在试样注入至调节六通阀至 INJECT 的过程中，注射器严禁抽取或拔出。在注入试样时，进样速度不宜过快。速度过快，可能导致定量环内靠近壁面的液体难以赶出，从而影响进样的量；稍慢可以使定量环内部的液体完全平推出去。

(4) 获取数据。

(5)实验完成后,用纯化后的分析纯溶剂清洗色谱柱。

五、数据记录和结果处理

实验参数如下:

色谱柱:_____

内部温度:_____ 外加热器温度:_____ 流量:_____

进样体积:____mL

GPC 仪都配有数据处理系统,同时给出 GPC 谱图(图 2-41)、各种平均相对分子质量和多分散性指数。

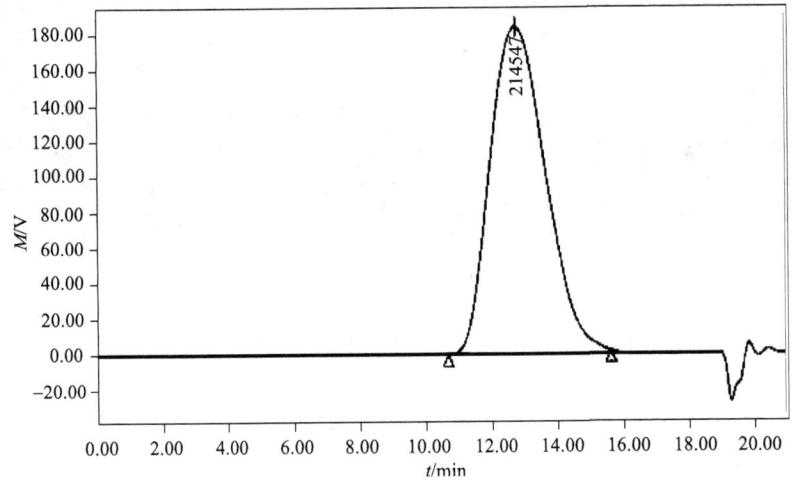

图 2-41 GPC 仪器给出的宽分布未知样色谱图

以切片面积对淋出体积(或时间)作图得到样品淋出体积与浓度的关系,以切片相对分子质量对淋出体积(或时间)作图得到淋出体积与相对分子质量的关系。设 i 为切片数,A_i 为切片面积,则第 i 级分的质量分数 w_i 为

$$w_i = \frac{A_i}{\sum A_i}$$

第 i 级分的质量累计分数 I_i 为

$$I_i = \frac{1}{2}w_i + \sum w_i$$

数均相对分子质量 $\overline{M_n}$ 为

$$\overline{M_n} = \frac{1}{\sum \frac{w_i}{M_i}}$$

重均相对分子质量 $\overline{M_w}$ 为

$$\overline{M_w} = \sum w_i M_i$$

分散度 d 为

$$d = \frac{\overline{M_w}}{\overline{M_n}}$$

以 I_i 对 M_i 作图,得到积分相对分子质量分布曲线;以 w_i 对 M_i 作图,得到微分相对分子质量分布曲线。

第二部分　聚甲基丙烯酸甲酯的热稳定性评估

一、实验目的

(1) 了解热重分析的仪器装置及实验技术。
(2) 测绘 PMMA 的热重曲线,解释曲线变化的原因。

二、实验原理

物质受热时,发生化学反应,质量也就随之改变,测定物质质量的变化就可研究其变化过程。热重法(TG)是在程序控制温度下,测量物质质量与温度关系的一种技术,原理如图 2-42 所示。热重法实验得到的曲线称为热重曲线(TG 曲线)。TG 曲线以质量为纵坐标,从上向下表示质量减少;以温度(或时间)为横坐标,自左至右表示温度(或时间)增加,如图 2-43 所示。

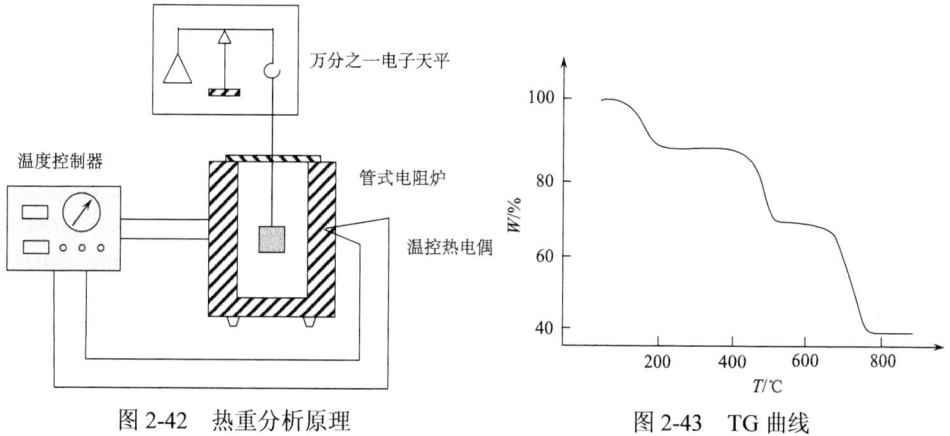

图 2-42　热重分析原理　　　　　　图 2-43　TG 曲线

热重法的主要特点是定量性强，能准确地测量物质的变化及变化的速率。热重法的实验结果与实验条件有关。但在相同的实验条件下，同种样品的热重数据是一致的。

三、仪器和试剂

仪器：综合热分析仪。

试剂：PMMA。

四、实验步骤

(1) 调整天平的空称零位。

(2) 将坩埚在天平上称量，记下质量数值，然后将待测试样放入已称坩埚中称量，并记下试样的初始质量。

(3) 将称好的样品坩埚放入加热炉中的吊盘内。

(4) 调整炉温，选择升温速率(若为自动记录，应同时选择走纸速度，开启记录仪)。

(5) 开启冷却水，通入惰性气体。

(6) 启动电炉电源，使电源按给定速度升温。

(7) 观察测温表，每隔一定时间开启天平一次，读取并记录质量数值(若为自动记录，则定时观察 TG 曲线，并标记质量和温度值)。

(8) 测试完毕，切断电源，待炉温降至 100 ℃时切断冷却水。

五、数据记录和结果处理

(1) 根据得到的 TG 曲线，读出试样质量发生变化前后的值及其所对应的温度，计算出其变化值。

(2) 根据公式

$$失重率 = \frac{样品质量的变化值}{样品原来的质量} \times 100\%$$

计算出样品的失重率。

(3) 分析曲线上质量变化的原因。

六、思考题

(1) 要使一个多步分解反应过程在热重曲线上明晰可辨，应选择什么实验条件？

(2) 影响质量测量准确度的因素有哪些？在实验中可采取哪些措施提高测量准确度？

(3)综合热分析有何特点？试总结综合热分析曲线的规律。

第三部分 聚甲基丙烯酸甲酯的示差扫描量热分析

一、实验目的

(1)了解示差扫描量热法的工作原理及其在聚合物研究中的应用。

(2)初步学会使用示差扫描量热仪测定聚合物的操作技术。

(3)学会用示差扫描量热法定性和定量分析聚合物的熔点、沸点、玻璃化转变温度、比热容、结晶温度、结晶度、纯度、反应温度、反应热。

二、实验原理

示差扫描量热法(differential scanning calorimetry, DSC)是在程序温度控制下，测量试样与参比物之间单位时间内能量差(或功率差)随温度变化的一种技术。它是在差热分析(differential thermal analysis, DTA)的基础上发展起来的一种热分析技术，DSC 在定量分析方面比 DTA 好，能直接从 DSC 曲线上峰面积得到试样的放热量和吸热量。

示差扫描量热仪可分为功率补偿型和热流型两种，两者的最大差别在于结构设计原理不同。一般实验条件下，选用功率补偿型示差扫描量热仪。仪器有两个相对独立的加热炉，其中分别装有测试样品和参比物，这两个加热炉具有相同的比热容及导热参数，并按相同的温度程序扫描。参比物在所选定的扫描温度范围内不具有任何热效应，因此在测试过程中记录的热效应就是由样品的变化引起的。当样品发生放热或吸热变化时，系统将自动调整两个加热炉的加热功率，以补偿样品所发生的热量改变，使样品和参比物的温度始终保持相同，使系统始终处于"热零位"状态，这就是功率补偿型示差扫描量热仪的工作原理，即"热零位平衡"原理。图 2-44 为功率补偿型示差扫描量热仪示意图。

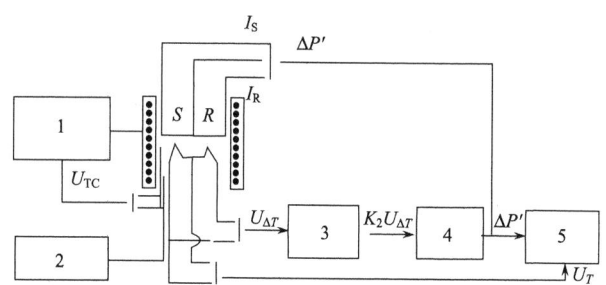

图 2-44 功率补偿型示差扫描量热仪示意图

1.温度程序控制器；2.气氛控制；3.差热放大器；4.功率补偿放大器；5.记录仪

随着高分子科学的迅速发展,高分子已成为 DSC 最主要的应用领域之一,当物质发生物理状态的变化(结晶、溶解等)或发生化学反应(固化、聚合等),同时会有热学性能(热焓、比热容等)的变化,采用 DSC 测定热学性能的变化,就可以研究物质的物理或化学变化过程。在聚合物研究领域,DSC 技术的应用非常广泛,主要有:①研究相转变过程,测定结晶温度 T_c、熔点 T_m、结晶度 X_c、等温和非等温结晶动力学参数;②测定玻璃化转变温度 T_g;③研究固化、交联、氧化、分解、聚合等过程,测定相应的温度热效应、动力学参数,如研究玻璃化转变过程、结晶过程(包括等温结晶和非等温结晶过程)、熔融过程、共混体系的相容性、固化反应过程等。对于高分子材料的熔融与玻璃化测试,在以相同的升降温速率进行第一次升温与冷却实验后,再以相同的升温速率进行。第二次测试往往有助于消除历史效应(冷却历史、应力历史、形态历史)对曲线的干扰,并有助于不同样品间的比较(使其拥有相同的热机械历史)。

三、仪器和试剂

仪器:示差扫描量热仪。

试剂:PMMA 试样。

四、实验步骤

(1) 开启计算机,预热 10 min,打开氮气阀门,调节氮气流量。

(2) 仪器校正。

(3) 设定实验参数。

(4) 将试片称量,放在铝坩埚中,加盖压成碟形。

(5) 另外取一个装甲基丙烯酸甲酯(MMA)压成碟形的空样品盘,作为标准物。

(6) 将待测物和标准物放入示差扫描量热仪中,盖上盖子和玻璃罩,开始加热,并用计算机绘制图形。

(7) 结束加热后,打开玻璃罩与盖子,将冷却附件盖上去,待其大约冷却至室温后,再移开冷却附件,进行下一组实验。

(8) 不使用仪器时,正常关机顺序依次为:关闭软件,退出操作系统,关闭计算机主机、显示器、仪器控制器、测量单元、机械冷却单元。

(9) 关闭使用氮气瓶的高压总阀,低压阀可不必关。

(10) 如发现传感器表面或炉内侧较脏时,可先在室温下用洗耳球吹扫,然后用脱脂棉蘸乙醇清洗,不可用硬物触及。

五、思考题

(1) 对于高分子材料的玻璃化测试,为什么要进行第二次升温?

(2) 讨论误差可能产生的原因。
(3) 讨论影响实验结果的因素。

第四部分 聚甲基丙烯酸甲酯的力学拉伸实验

一、实验目的

(1) 测定 PMMA 材料的屈服强度、断裂强度和断裂伸长，并画出应力-应变曲线。
(2) 观察非结晶性高聚物的拉伸特征。
(3) 掌握高聚物的静载拉伸实验方法。

二、预习要求

(1) 理解实验原理。
(2) 了解万能材料试验机的结构、操作规程及注意事项(在实验室进行)。
(3) 写好预习报告，准备记录表格。

三、实验原理

本实验是在规定的实验温度、湿度及不同的拉伸速度下，在试样上沿轴向方向施加静态拉伸负荷，以测定塑料的力学性能。

拉伸实验是最常见的一种力学实验，由实验测定的应力-应变曲线，可以得出评价材料性能的屈服强度、断裂强度和断裂伸长率等表征参数，不同的高聚物、不同的测定条件，测得的应力-应变曲线是不同的。

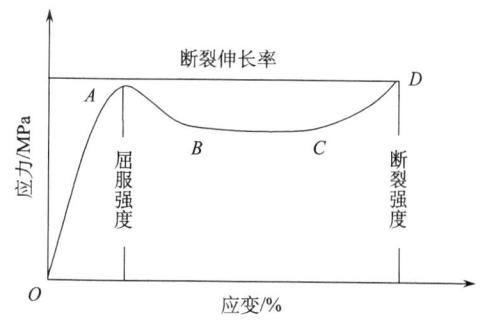

图 2-45 应力-应变曲线

结晶性高聚物的应力-应变曲线分三个区域，如图 2-45 所示。

(1) OA 段：曲线的起始部分，近似直线，属普弹性变形，是由分子的键长、键角以及原子间的距离改变引起的，其形变是可逆的，应力与应变之间服从胡克定律，即

$$\sigma = E\varepsilon$$

式中，σ 为应力，MPa；ε 为应变，%；E 为弹性模量，MPa。

图 2-45 中，A 为屈服点，所对应力为屈服应力或屈服强度。

(2) BC 段：到达屈服点后，试样突然在某处出现一个或几个"细颈"现象，出现细颈现象的本质是分子在该自发生取向的结晶，该处强度增大，拉伸时细颈不会变细拉断，而是向两端扩展，直至整个试样完全变细为止，此阶段应力几乎一变，而形变增加。

(3) CD 段：被均匀拉细后的试样，其分子进一步取向，应力随应变的增大而增大，直到断裂点 D，试样被拉断，D 点的应力称为强度极限，即抗拉强度或断裂强度 $\sigma_{断}$(MPa)，是材料重要的质量指标，其计算公式为

$$\sigma_{断}=P/(b \times d)$$

式中，P 为最大破坏载荷，N；b 为试样宽度，mm；d 为试样厚度，mm。断裂伸长率 $\varepsilon_{断}$ 是试样断裂时的相对伸长率，$\varepsilon_{断}$ 按下式计算：

$$\varepsilon_{断}=(F-G)/G \times 100\%$$

式中，G 为试样标线间的距离，mm；F 为试样断裂时标线间的距离，mm。

四、仪器和试剂

仪器：电子式万能材料试验机，游标卡尺。

试剂：PMMA 标准试样 6 条，拉伸样条的形状(双铲型)如图 2-46 所示。

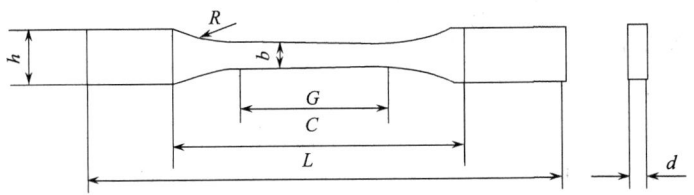

图 2-46　拉伸试样

L 为总长度(最小)，150 mm；b 为试样中间平行部分宽度，(10±0.25)mm；C 为夹具间距离，115 mm；d 为试样厚度，2~10 mm；G 为试样标线间的距离，(50±0.5)mm；h 为试样端部宽度，(20±0.25)mm；R 为半径，60 mm

五、实验步骤

准备两组试样，每组三个样条，且用同一种速度，A 组 25 mm/min，B 组 5 mm/min。

(1) 熟悉万能材料试验机的结构、操作规程和注意事项。

(2) 用游标卡尺测量样条中部左、中、右三点的宽度和厚度，精确到 0.02 mm，取平均值。

(3) 实验参数设定。

接通电源，启动万能材料试验机按钮，启动计算机。

双击桌面上"MCGS 环境"进入系统主界面;分别点击"试验编号""试样设定""试样参数""测试项目"等按钮,设定参数。

设定实验编号,注意实验编号不能重复使用。

试样设定:实验类型:拉伸;横梁方向:向上;横梁速度: 5 或 25 mm/min;变形测量:横梁位移;实验结束条件:负荷降到 20%(最大);传感器选择:下空间 20 000 N;曲线选择:负荷-形变;设定试样参数:板材宽度厚度;标距:50;每批数量:3;测试项目:最大负荷点、破裂点、断裂伸长率;装夹试样:点击黄色三角形升降键将横梁运行到适当的位置,夹好试样。

(4)实验:点击负荷清零和变形清零,点击开始实验,进行拉伸实验,观察拉伸过程的变形特征,直到试样断裂为止,记录实验数据。

(5)结果分析:点击主界面的"分析",进入曲线分析界面,手动分析时,在分析结果区域中用鼠标左键双可击对应的字母,然后在对应的曲线处单击,便可显示对应的数据,要想取消某一分析点,可在分析结果区域中用鼠标左键双击对应的字母,然后双击鼠标右键即可。

(6)改变速度,重复做第二组试样。

六、注意事项

(1)实验前要认真预习,集中精神听指导教师讲解,操作万能材料试验机时,认真细致,注意安全。

(2)同组同学要分工协作,每人负责一项内容,有计算的要轮换。

七、数据记录和结果处理

详细记录拉伸过程中观察到的现象,结合学过的理论知识分析现象产生的原因(包括变形情况、表面及颜色变化、断裂情况及断面性能等)。

试样名称:		实验温度:		湿度:		日期:	
试样编号	样品尺寸 b/mm	样品尺寸 d/mm	样品面积 /mm	拉伸速度 /(mm/min)	测定值/N	拉伸强度 /MPa	备注

八、思考题

(1)对于哑铃形试样,如何使试样在拉伸时有效部分断裂?
(2)一般塑料的拉伸强度为多少?

(黄潇楠)

实验 28 超临界流体负载法制备固体催化剂及其应用

一、实验目的

(1) 掌握超临界流体负载法制备固体催化剂的方法。
(2) 掌握催化反应及转化率计算方法。
(3) 掌握催化剂回收方法。

二、预习要求

(1) 回顾物理化学中实际气体超临界状态内容。
(2) 了解异相催化的特点。
(3) 查阅文献,了解 MnO_2 与 H_2O_2 降解亚甲基蓝的原理。
(4) 回顾紫外-可见分光光度计的原理及使用方法。

三、实验原理

超临界流体(SCF)是一种温度和压力分别高于临界温度(T_c)和临界压力(p_c)的流体,具有接近零的表面张力、较小的黏度、与气体一样较大的扩散系数、与液体一样较大的溶解性能,其溶解能力可以通过调节压力和温度进行有效的控制(图 2-47)。这些独特的性质使超临界流体作为一种"绿色"媒介广泛用于化学

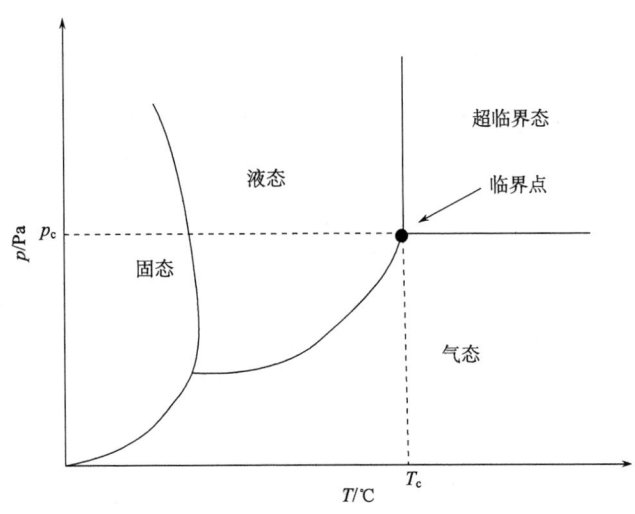

图 2-47 纯物质相图示意图

反应和分离的研究中。而在诸多超临界流体中，超临界 CO_2 和超临界水的应用最为广泛，除了具有超临界流体的性质外，还具有无毒、无污染、可循环的优点，使废液量大幅度减少。

1995 年，Watkins 针对化学气相沉积法条件苛刻、无法深入内层沉积等缺点，提出了一种活性成分负载催化剂的新型制备方法，即超临界流体沉积(supercritical fluid deposition，SFD)技术。它利用超临界流体低黏度、高扩散性、零表面张力以及易调变的优点，广泛用于制备金属纳米颗粒和金属膜。SFD 的基本原理是浸渍、吸附的过程，保留了浸渍法的优点，整个过程可以分为 3 个步骤(图 2-48)：金属前驱盐在超临界流体中的溶解，金属前驱盐在载体上的吸附以及金属前驱盐在一定条件下沉淀析出。负载型金属催化剂的颗粒尺寸和分散性在很大程度上决定其催化活性。高分散、低粒径的催化剂具有较大的比表面积，其催化活性和使用效率很高。

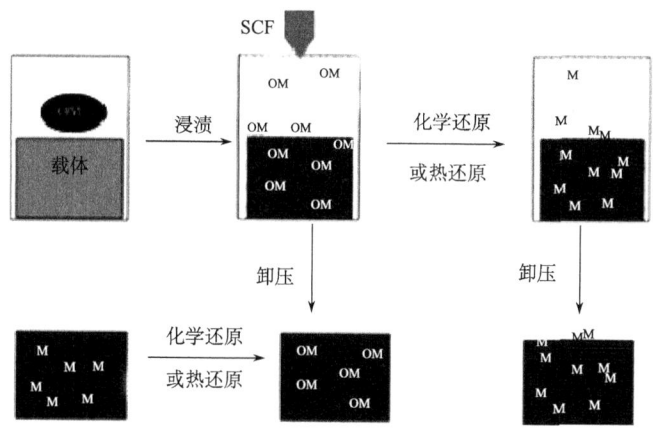

图 2-48 超临界流体沉积技术制备金属纳米颗粒的过程简图

四、仪器和试剂

仪器：高压反应釜，单缸注射泵，二氧化碳钢瓶，磁力搅拌器，三颈瓶，温度计或热电偶，滴液漏斗，橡胶塞，磁子。

试剂：二氧化碳，乙酸锰，高锰酸钾，$\gamma\text{-}Al_2O_3$，蒸馏水，亚甲基蓝，过氧化氢。

五、实验步骤

1. 超临界 CO_2 负载法制备 $MnO_2/\gamma\text{-}Al_2O_3$

实验前，打开高压反应釜和单缸注射泵的开关，预热 10 min。

从冰箱中取出冰块,按照仪器说明书,将其放在单缸注射泵上,压缩CO_2。

将 0.03 g γ-Al_2O_3、0.0036 g 乙酸锰、0.0022 g 高锰酸钾、1 g 蒸馏水和磁子加入 10 mL 反应釜内衬中,密封,设置反应釜温度 80 ℃。温度恒定后,通入 7.4 MPa CO_2,待压力恒定后,记录时间,反应 1 h 后,停止反应,卸压,释放 CO_2。将产物离心分离,最后将产物在烘箱中 80 ℃干燥,得到负载好的催化剂。

2. 催化反应及表征

按图 2-49 所示安装实验装置。

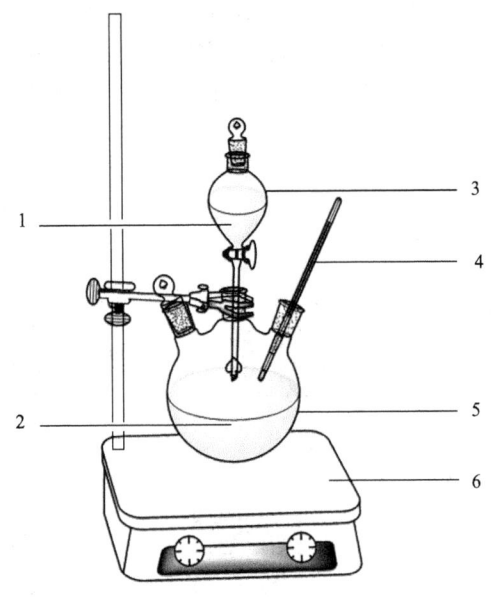

图 2-49 反应装置

1.过氧化氢;2.反应物;3.滴液漏斗;4.温度计;5.三颈瓶;6.磁力搅拌器(带加热台)

配制 100 mg/L 亚甲基蓝溶液 50 mL,将其加入三颈瓶中,并加入磁子,打开磁力搅拌器,将温度设定为 50 ℃。

待达到设定温度后,将所制得催化剂加入三颈瓶中,并在滴液漏斗中加入 5 mL 过氧化氢(注意:此时需逐滴加入),开始计时。

反应 2 h 后,关闭磁力搅拌器,用滴管取 0.2 g 左右上层液体,用水稀释至 10 g(注意:该过程中,所有数据均需准确称量)。

采用紫外分光光度计确定亚甲基蓝降解产物的浓度:将以上稀释的溶液在 664 nm 处测吸光度,并根据亚甲基蓝溶液浓度-吸光度的工作曲线确定其准确浓度(工作曲线绘制方法见注释)。

3. 催化剂回收

将上一步反应结束后的混合物静置后,将上层清液倒入废液瓶中,将下层少量液体放入离心管中,离心清洗分离,直至其中液体变为无色。将回收的催化剂放在烘箱中烘干。

将回收的催化剂放在马弗炉中,升温至 500 ℃,焙烧 4 h,待催化剂冷却后,称取回收质量。

注释:亚甲基蓝溶液浓度-吸光度的工作曲线绘制方法:准确配制 100 mg/L 亚甲基蓝溶液,分别稀释至 1 mg/L、2 mg/L、3 mg/L、4 mg/L 和 5 mg/L,并分别测这 5 个溶液的吸光度,最终以吸光度对浓度作图,得到工作曲线。

参 考 文 献

张以敏, 姜浩锡. 2013. 超临界流体沉积技术制备负载型金属催化剂的研究进展. 化工进展, (8): 1825-1831, 1844.

Baiker A. 1999. Supercritical fluids in heterogeneous catalysis. Chemical Reviews, 99(2): 453-474.

(王 前 段雨爱)

实验 29 过碳酸钠的制备、检验及性能测试

一、实验目的

(1) 学习过碳酸钠的制备原理及其方法。
(2) 学习过碳酸钠中活性氧含量的测定方法。
(3) 熟练掌握移液管、氧化还原滴定、减压过滤等基本操作。
(4) 学习红外光谱仪、紫外-可见分光光度计的使用。

二、实验原理

(1) 利用过氧化氢与碳酸钠为原料,湿法制备过碳酸钠($2Na_2CO_3 \cdot 3H_2O_2$)。
(2) 采用盐析法和醇析法提高过碳酸钠的产率。
(3) 产品质量的检测:①活性氧的含量;②杂质 Fe 的含量;③热稳定性。

三、仪器和试剂

仪器:红外光谱仪,紫外-可见分光光度计,烘箱。

试剂:30% H_2O_2,无水 Na_2CO_3,硫酸镁($MgSO_4$),硅酸钠($Na_2SiO_3 \cdot 9H_2O$),氯化钠,去离子水,冰块,无水乙醇,2 mol/L H_2SO_4,HCl(1∶1)溶液,$KMnO_4$ 标准溶液,10% $NH_3 \cdot H_2O$,10%盐酸羟胺溶液,HAc-NaAc 缓冲溶液(pH=4.5),0.2%邻菲咯啉溶液,罗丹明 B。

主要原料和产品的物理性质见表 2-12。

表 2-12 主要原料和产品的物理性质

名称	分子式	相对分子质量	熔点 /℃	沸点 /℃	密度 /(g/cm³)	溶解度/(g/100 g H_2O)	
						0 ℃	20 ℃
过氧化氢	H_2O_2	34.01	−2(无水)	158(无水)	1.46(无水)	—	—
碳酸钠	Na_2CO_3	105.99	851	—	2.532	7.0	21.5
过碳酸钠	$2Na_2CO_3 \cdot 3H_2O_2$	314.02	50 ℃开始分解	—	0.9~1.2	12.0(5 ℃)	14.0
氯化钠	NaCl	58.5	801	1413	2.165	35.6	36.0

四、实验步骤

(1) 产品 I 的制备。

a. 配制反应液 A:称取 0.10 g 硫酸镁于烧杯中,加入 25 mL 30% H_2O_2 搅拌至溶解。

b. 配制反应液 B：称取 0.15 g 硅酸钠和 15 g 无水 Na_2CO_3 于烧杯中，分批加入适量的去离子水，搅拌至溶解。

c. 将反应液 A 分批加入盛有反应液 B 的烧杯中（如有需要可添加少许去离子水），磁力搅拌反应，控制反应温度在 30 ℃以下。加完后继续搅拌 5 min。

d. 在冰水浴中将反应物温度冷却至 0～5 ℃。

e. 反应物转移至布氏漏斗，抽滤至干，滤液定量转移至量筒，记录体积。

f. 产品用适量无水乙醇洗涤 2～3 次，抽滤至干。

g. 产品转移至表面皿中，放入烘箱，50 ℃干燥 60 min。

h. 冷却至室温，即得产品Ⅰ，称量（精确至 0.01 g），记录数据，计算产率。

(2) 产品Ⅱ的制备。

a. 用量筒将滤液平均分成两部分（如有沉淀物需搅拌混合均匀），分别放入两个烧杯。

b. 在一个盛有滤液的烧杯中加入 5.0 g NaCl 固体，磁力搅拌 5 min（如有需要可添加少许去离子水）。

c. 随后操作参照产品Ⅰ的制备（从操作 d 开始），可得产品Ⅱ，称量（精确至 0.01 g），记录数据。

(3) 产品Ⅲ的制备。

a. 在另一个盛有滤液的烧杯中加入 10 mL 无水乙醇，磁力搅拌 5 min（如有需要可添加少许去离子水）。

b. 随后操作参照产品Ⅰ的制备（从操作 d 开始）。可得产品Ⅲ，称量（精确至 0.01 g），记录数据。

(4) 计算过碳酸钠（产品Ⅰ、Ⅱ和Ⅲ）的总产率。

(5) 产品质量的检测。

a. 活性氧含量的测定。

①准确称取产品（Ⅰ、Ⅱ和Ⅲ）0.2000～0.2200 g，放入 250 mL 锥形瓶中，加入 50 mL 去离子水溶解，再加入 50 mL 2 mol/L H_2SO_4。

②用 $KMnO_4$ 标准溶液滴定至终点（至溶液呈粉红色并在 30 s 内不消失即为终点），记录消耗 $KMnO_4$ 溶液的体积。

③每个产品测定三个平行样品。

④计算产品活性氧的含量（%）。

b. 铁含量的测定。

①准确称取 0.2000～0.2200 g 产品Ⅰ（平行测定三次），置于小烧杯中，用 10 mL 去离子水润湿，加 2 mL HCl（1∶1）至样品完全溶解。

②添加去离子水约 10 mL，用 10% $NH_3·H_2O$ 调节溶液的 pH 为 2～2.5。

③将混合溶液定量转移至 100 mL 容量瓶中，加入 1 mL 10%盐酸羟胺溶液，

摇匀；放置 5 min 后，再加入 1 mL 0.2%邻菲咯啉溶液和 10 mL HAc-NaAc 缓冲溶液(pH=4.5)，稀释至刻度，放置 30 min，待测。

④以空白试样为参比溶液，在 510 nm 波长处，用 1 cm 的比色皿测定试液的吸光度，记录数据。

⑤对照标准曲线即可计算得到样品中 Fe 的含量(%)。

c. 热稳定性的检测。

①准确称取 0.3000～0.3500 g 产品Ⅰ于表面皿上(平行测定三次)。

②放入烘箱，100 ℃加热 60 min。

③冷却至室温，称量(精确至 0.0001 g)，记录数据。

④根据加热前后质量的变化，结合产品Ⅰ的活性氧的测定结果，对产品的热稳定性进行讨论。

d. 红外光谱鉴定。

取少量干燥的产品Ⅰ，加入 100～200 倍的 KBr 晶体，按要求研细后压片，测其红外光谱，以鉴定产品纯度及结构。

(6)降解性能测试。

取罗丹明 B 配成 10 mg/L 的溶液，用紫外分光光度计扫描波谱，确定最大吸收波长。分别取 0.5 g、1.0 g 和 2.0 g 过碳酸钠加入 50 mL 罗丹明 B 溶液，测量不同时间最大吸收波长下的吸光度，作图并分析结果。查找文献并解释其原理。

五、思考题

(1)制备过碳酸钠产品时，加入硫酸镁和硅酸钠有何作用？

(2)要得到高产率和高活性氧的过碳酸钠产品，有哪些关键因素？

参 考 文 献

陈维, 姚杰. 2006. 过碳酸钠中活性氧含量与红外光谱特征相关性分析. 南京师范大学学报(工程技术版), 6(4): 38-40.

(韩洪亮)

实验 30　无机半导体染料敏化太阳能电池的组装

一、实验目的

(1) 理解无机半导体染料敏化太阳能电池的基本原理、架构及组装流程。
(2) 掌握无机半导体的合成及表征方法。

二、实验原理

染料敏化太阳能电池(dye-sensitized solar cell，DSSC)是模拟光合作用原理研制出来的一种新型太阳能电池。DSSC 原材料丰富、成本低、工艺技术相对简单，同时所有原材料和生产工艺清洁无污染，部分材料可以充分回收，对环境保护具有重要的意义。DSSC 机械强度大，可以制作柔性衬底。作为一种廉价的薄膜太阳能电池，其性价比高，在完成市电平价的情况下可以与化石燃料相提并论。

DSSC 是一个复合电化学体系，主要由无机半导体、染料敏化剂、氧化还原电解质、对电极和导电基底等部分组成，如图 2-50 所示。

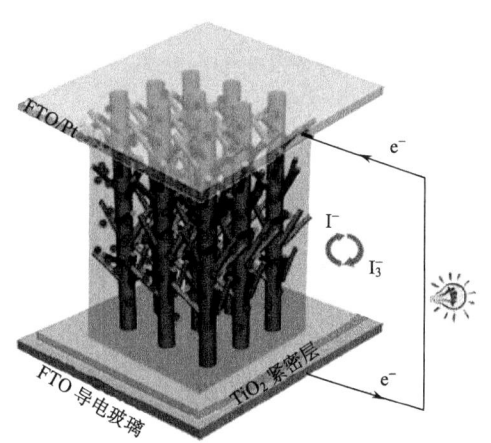

图 2-50　染料敏化太阳能电池的基本架构

无机半导体材料通常为金属氧化物，如 TiO_2、SnO_2、ZnO 等，将其制作于透明导电基板上作为 DSSC 的负极。染料敏化剂为有机化合物或有机配体，包括罗丹明 B、曙红、赤藓红及金属钌化合物，吸附在半导体表面并与半导体的价带和导带匹配，利用有机基团对可见光的强吸收将体系的光谱响应扩展。对电极作为还原催化剂，通常在带有透明导电膜的玻璃上镀铂或碳。氧化还原电解质起到传输电荷的作用，常用的包括 I_3^-/I^- 及 KCl。DSSC 的工作原理如图 2-51 所示，主要包括以下几个过程：

(1) 染料分子受太阳光照射后由基态跃迁至激发态 D^*。

(2) 处于激发态的染料分子将电子注入半导体的导带中；电子扩散至导电基底，后流入外电路中。

(3) 处于氧化态的染料被还原态的电解质还原再生。

(4) 氧化态的电解质在对电极接受电子后被还原，从而完成一个循环。

(5) 注入 TiO_2 导带中的电子和氧化态染料复合。

(6) 注入 TiO_2 导带上的电子和氧化态电解质复合。

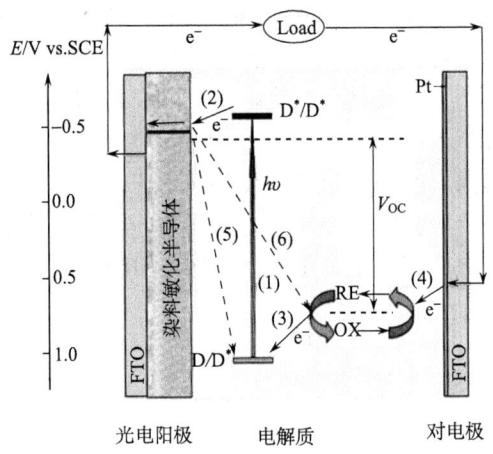

图 2-51　染料敏化太阳能电池的工作原理

本实验以 TiO_2 半导体材料为例，利用天然植物染料为敏化剂，通过组装简单的染料敏化太阳能电池，了解无机半导体染料敏化太阳能电池的架构、制作与组装流程。

三、仪器和试剂

仪器：炭芯铅笔，FTO 导电玻璃，冰浴装置，马弗炉等。

试剂：钛酸四丁酯，无水乙醇，乙酰丙酮，丙酮，去离子水，果实染料，碘，碘化钾，氯化钾。

四、实验步骤

1. 二氧化钛晶体的合成

配制浓度为 0.1 mol/L 和 0.5 mol/L 的 KCl 溶液，两种溶液各取 0.4 mL 分别加入 100 mL 无水乙醇中，冰水浴冷却。取 1.8 mL 钛酸四丁酯，在快速搅拌下逐滴加入上述溶液，滴加速率控制在 0.3 mL/min 以内。反应物继续搅拌约 30 min，陈化静置 30 min，样品离心后，沉淀用无水乙醇洗涤干燥。取 0.5 g 样品置于坩埚，用马弗炉于 500 ℃下加热 30 min。利用红外光谱仪、热重分析仪等对样品进行表征。

2. 染料敏化太阳能电池的组装

薄膜组装：取 0.5 g 制备的二氧化钛样品，加入 1.0 mL 1∶1(体积比)乙酰丙酮与水的溶液，研磨均匀形成膏状浆料。取导电玻璃一块，置于丙酮中超声处理 10 min，干燥备用。用万用表检验其导电面。将导电玻璃用胶带固定于干净桌面，并形成 40～50 μm 的凹槽。将二氧化钛浆料涂于玻璃表面，用玻璃棒徐徐滚动使其平整。撕去胶带，用酒精灯加热约 10 min，冷却至室温备用。

半导体敏化：取冷冻的黑莓 20 g，榨汁，过滤后收集液体，即含有敏化染料。将制备好的二氧化钛薄膜置于上述液体中约 5 min 进行染色。

对电极制备：取与工作电极面积相同的导电玻璃，用万用表测试其导电面。用铅笔或石墨棒在导电面涂抹碳膜，用乙醇清洗后烘干。

电池组装：将着色后的工作电极取出，用水润洗，再用乙醇清洗，烘干去除水分。将烘干的电极着色膜向上，与涂有碳膜的对电极对合。用夹子夹住，向缝隙注入 I_3^-/I^- 及 KCl 溶液，电解质基于毛细管原理完整扩散。用万用表对组装电池的开路电压进行测量。

（梁建波）

实验 31　中学化学手持技术实验

第一部分　传感器使用基本训练

一、实验目的

(1) 通过测定物质变化中温度、压力、电导、pH 等物理量的变化，研究反应中能量转换、反应速率、反应终点等问题。

(2) 学习并熟练温度、压力、电导、pH 等传感器的使用。

二、实验原理

传感器的基本构成及基本工作原理(教法实验课已讲，此处略)。

三、仪器和试剂

仪器：温度传感器，pH 传感器，电导率传感器，数据采集器，烧杯，锥形瓶，单孔塞，酸式滴定管。

试剂：锌粉，硫酸铜，柠檬酸，碳酸氢铵，氢氧化钠，盐酸，甲基橙，酚酞，乙酸。

四、实验步骤

1. 利用温度传感器感受物质变化中的能量转换

将温度传感器放入硫酸铜溶液中，向其中加入适量锌粉，记录温度变化曲线，并根据此曲线分析可以得出哪些结论。

同理，绘制柠檬酸与碳酸氢铵反应的温度变化曲线。比较两条温度曲线的不同。

2. 利用 pH 传感器、电导率传感器研究酸碱中和反应

向氢氧化钠溶液中滴加盐酸，用 pH 传感器监测溶液的 pH 变化，并绘制曲线，观察突变。利用数据处理软件绘制导数曲线，分析导数曲线变化与 pH 曲线变化的规律，确定反应终点 E。

分别利用甲基橙与酚酞为指示剂，向氢氧化钠溶液中滴加盐酸，记录反应终点 E_1、E_2。同时，用 pH 传感器监测溶液的 pH 变化，并绘制曲线。观察 E_1、E_2 在曲线上的位置，并将 E_1、E_2 与 E 进行比较。利用数据说明酸碱滴定时，选择指示剂的依据。

向氢氧化钠溶液中滴加盐酸,用电导率传感器监测溶液的电导率变化,并绘制曲线,观察突变。利用数据处理软件绘制导数曲线,分析导数曲线变化及其规律,确定反应终点 E_3。比较 E 与 E_3,并判断能否用电导率传感器测定酸碱中和反应终点。

将上述实验中的盐酸换为乙酸,重复上述步骤,说明弱酸强碱中和反应的终点应如何确定。

五、思考题

(1) 实验中用到了哪些数学方法?这些数学方法与化学实验是如何联系的?
(2) 通过上述实验,说明传感器在化学实验中的优势与局限性。

第二部分　pH 传感器在电离平衡学习中的应用

一、实验目的

(1) 通过 pH 传感器,建立电离平衡概念。
(2) 定量研究稀释对弱电解质电离平衡的影响及温度对电离平衡的影响。

二、实验原理

参见中学化学教材,人教版《化学》必修1、选修4,此处略。

三、仪器和试剂

仪器:温度传感器,pH 传感器,数据采集器,烧杯,分液漏斗。
试剂:氢氧化钠,盐酸,乙酸,乙酸钠,氯化钠,浓硫酸。

四、实验步骤

向一定浓度(如 0.1 mol/L)的乙酸溶液中分别加入乙酸钠固体、氢氧化钠固体,通氯化氢气体[①],用 pH 传感器测定 pH 的变化,并用数据定量[②]说明浓度对电离平衡的影响。

在给中学生授课时,应如何设计上述实验?

自行设计实验,利用 pH 传感器研究稀释对乙酸电离平衡的影响。设计实验步骤及数据采集表格。

[①] 需实验时现用现制,请提前查阅资料,选择合适的氯化氢制备、干燥及尾气处理方法。推荐浓盐酸、浓硫酸互滴法或固体氯化钠与浓硫酸直接反应。实验中请注意浓酸的使用安全,防止倒吸。

[②] 仅做定性说明的,此项视为未完成,下同。

利用 pH 传感器测定不同温度下 pH 的变化，计算乙酸在不同温度下的电离常数，并用数据定量说明温度对电离平衡的影响。

五、思考题

依据上述实验，完成"电离平衡"一节的教学设计。

第三部分　平衡移动及平衡常数的测定

一、实验原理

硝酸铁溶液与硫氰化钾溶液混合反应后，可以建立以下平衡：

$$\underline{\hspace{6cm}}$$

三价铁离子主要以$[Fe(SCN)]^{2+}$的形式存在。

$[Fe(SCN)]^{2+}$可以吸收_____颜色的光，溶液为_____色。因此，利用色度传感器可以监测溶液的透光率。通过透光率的变化可以分析$[Fe(SCN)]^{2+}$浓度的变化，进而推知平衡移动的方向。

本实验测定铁离子与硫氰根离子的可逆反应平衡常数：_____。

用已知浓度的硝酸铁溶液与硫氰化钾溶液混合，生成深红色的$[Fe(SCN)]^{2+}$，$[Fe(SCN)]^{2+}$浓度越大，对光的吸收程度越_____，透光率越_____。

吸光度 A 与透光率 T 的关系是_____。

T 可以用色度传感器测定；K 为常数，与_____有关。

两种浓度不同的溶液，浓度分别为c_1、c_2，它们的吸光度A_1、A_2存在_____关系。因此，通过标准溶液①的浓度和吸光度，作出工作曲线，即可计算待测溶液的浓度。

二、仪器和试剂

仪器：温度传感器，色度传感器，数据采集器，烧杯，移液管，容量瓶。

试剂：硝酸铁，硫氰化钾，浓硝酸。

三、实验步骤

1. 浓度对铁离子与硫氰根的配位平衡的影响

设置数据采集器，校正色度传感器。

---

① 本实验中，默认当三价铁离子的浓度远远高于硫氰根离子的浓度时，平衡尽可能右移，近似认为硫氰根全部转化为$[Fe(SCN)]^{2+}$，因此$[Fe(SCN)]^{2+}$的标准浓度即为所用硫氰化钾的初始浓度。建议标准溶液的初始浓度选为：$c_0(Fe^{3+})$=0.100 mol/L，$c_0(SCN^-)$=2.00×10^{-4} mol/L。

将 0.01 mol/L 硝酸铁溶液与 0.01 mol/L 硫氰化钾溶液等体积混合后等分成两份，分别检测溶液的透光率。

向一份溶液中滴加 1 滴 1 mol/L 硫氰化钾溶液，振荡摇匀后测定透光率；再滴加 4 滴，测定溶液的透光率。

向另一份溶液中滴加 1 滴 1 mol/L 硝酸铁溶液，振荡摇匀后测定透光率；再滴加 4 滴，测定溶液的透光率。

2. 化学平衡常数的测定

配制$[Fe(SCN)]^{2+}$标准溶液及待测液。课前自行设计标准溶液及待测液浓度，并列于表格中。在配制标准溶液及待测液时应注意_____，可通过_____措施避免，并应_____。

连接色度传感器、数据采集器及计算机，启动数据采集。

在比色皿中盛装蒸馏水，校正色度传感器读数为_____。

分别测定上述待测液的透光率，并记录于设计好的表格中。

计算反应的平衡常数 K。

将反应物做不同的配比，再次测定平衡常数 K_1。比较 K_1 与 K，并说明产生差异的原因。

四、思考题

(1) 比较不同小组所测平衡常数数值，并分析产生差异的原因。

(2) 讨论本实验中的主要误差来源及减少误差的方法。

(3) 讨论本实验中的近似处理方法及意义。

参 考 文 献

王磊, 刘克文, 胡久华, 等. 2009. 中学化学实验及教学研究. 北京: 北京师范大学出版社.

(冯晓颖)

实验 32　乙酰基二茂铁的制备

一、实验目的

(1) 掌握合成乙酰基二茂铁的原理和操作方法。
(2) 熟悉核磁共振波谱仪的一般操作步骤。

二、实验原理

$$\text{Fc} + (CH_3CO)_2O \xrightarrow{H_3PO_4} \text{Fc-COCH}_3$$

三、仪器和试剂

仪器：100 mL 三颈瓶，250 mL 烧杯，球形冷凝管，温度计，抽滤瓶，布氏漏斗，恒压漏斗，核磁共振波谱议。

试剂：二茂铁，乙酸酐，磷酸，碳酸钠，石油醚，氘代氯仿。

四、实验步骤

室温下，向干燥的 100 mL 三颈瓶中加入 10 mL (0.11 mol) 乙酸酐，开启搅拌，缓慢滴加 1.8 mL (0.033 mol) 磷酸 (由于磷酸黏性较大，此时搅拌可能受阻以致停止)，再加入 2.0 g (0.011 mol) 二茂铁，若无法磁力搅拌，则用玻璃棒搅拌至均匀。升温 55 ℃，不断轻轻晃动反应瓶，促进反应的进行，反应约 45 min。将反应液倒入盛有约 50 mL 冰水混合物的 250 mL 烧杯中，边磁力搅拌边用碳酸钠中和至 pH=8。此时溶液中产生大量橙色固体。待加入碳酸钠产生气泡较少时，抽滤，收集橙色固体。用石油醚重结晶，可得橙红色乙酰基二茂铁晶体。

取纯二茂铁和乙酰基二茂铁各 100 mg，分别溶解在 0.5 mL 氘代氯仿中。

用微量注射器分别取 20 μL 上述两种溶液，注入核磁共振波谱仪中，得到两张核磁共振谱图。

五、注意事项

(1) 由于反应液中存在未反应的酸或酸酐，因此加入碳酸钠的速度一定要慢，并不断用玻璃棒搅拌上层溶液，防止液体溢出。
(2) 可用薄层色谱板点样，检测粗产物中含有几种化合物。

(王健春)

实验33　超临界二氧化碳萃取葡萄籽油的研究

第一部分　超临界二氧化碳萃取葡萄籽油

一、实验目的

(1) 了解超临界二氧化碳萃取技术的原理、影响因素。
(2) 掌握超临界流体萃取的操作方法，对这一新型分离技术有一定的理解。

二、预习问题

(1) 什么是超临界状态？哪些物质具有超临界状态？
(2) 食用油的工业生产方法是什么？
(3) 超临界 CO_2 的临界点是多少？

三、实验原理

葡萄是世界上资源非常丰富的水果之一，为攀援落叶藤本，多生长于山地林缘地带。我国是生产葡萄的大国，每年葡萄产量近 600 万 t。这些葡萄中约有 80% 用于酿酒，13%作为鲜果食用，7%用于加工果汁及其他葡萄产品。在葡萄酒的生产过程中会产生大量的副产品，如葡萄籽和葡萄皮渣。

葡萄籽占葡萄质量的 5%～7%。世界生产葡萄最多的国家是意大利和法国，70%的葡萄籽得到利用。而在我国，如果将其作为饲料，或作为废弃物丢掉，对资源是一种无形的浪费。

葡萄籽含油 14%～17%，与玉米和大豆所含油量相当。其热稳定性好，用油量是其他油的 1/2～1/3，烟点高达 248 ℃，适合高温烹调食物。它含有多种人体必需的微量元素：钾、铜、钙、铁的含量较高；锌、锰、钴含量适中。更重要的是，葡萄籽油中有三种已知有效成分，对人体保健起重要的作用。

(1) 葡萄籽油中含有丰富的不饱和脂肪酸，如油脂、棕榈酸、亚麻酸、亚油酸（图 2-52）等。其中，亚油酸是人体必需的脂肪酸。它能降低血液中低密度脂蛋白(LDL)胆固醇水平，提高高密度脂蛋白(HDL)胆固醇水平。高密度脂蛋白和低密度脂蛋白胆固醇是衡量人体心血管健康的重要标准。美国健康协会认为：降低低密度脂蛋白胆固醇与提高高密度脂蛋白胆固醇水平，是预防心脑血管疾病的重要方法。除此之外，亚油酸还能起到降低血脂、降低血压、软化血管、防止血管硬化、防止血栓生成等作用。但人体不能合成亚油酸，只能从食物中摄取。人们日常食用的花生油中，亚油酸含量为 30%～40%，而葡萄籽油几乎是它的两倍。因此，葡萄籽油是较好的食用油选择。

$$CH_3(CH_2)_4\underset{H}{\overset{}{C}}=\underset{H}{\overset{}{C}}-CH_2-\underset{H}{\overset{}{C}}=\underset{H}{\overset{}{C}}-(CH_2)_2COOH$$

图 2-52　亚油酸(系统命名：顺，顺-9,12-十八碳二烯酸)

(2)葡萄籽油中含有大量的维生素E(图 2-53)。一大汤勺葡萄籽油约含有人体一天所需的维生素E。维生素E对皮肤和肌肉有很好的保健作用，并具有美容养颜的功效。

$R_1 \sim R_3$		R_4
α-维生素E	R_1, R_2, R_3　Me	维生素E-$CH_2(CH_2-\underset{}{\overset{}{C}}H-CH_2)_3-$ (带CH_3支链)
β-维生素E	R_1, R_3　Me	
γ-维生素E	R_2, R_3　Me	
δ-维生素E	R_2, R_3　Me	三烯维生素E　-$CH_2(CH_2-CH=\underset{}{\overset{CH_3}{C}}-CH_2)_3-$

图 2-53　维生素 E

(3)原花青素(OPC)是葡萄籽油的有效成分之一(图 2-54 和图 2-55)。美国科学家福斯特报道：OPC具有强烈的抗氧化作用，其抗氧化能力是维生素C和维生素E的20~50倍，是高效的自由基清除剂。OPC能抑制人体内脂类的过氧化作用，改善微血管的通透性。它有利于胶原蛋白的生成，使皮肤有弹性，减少皱纹，延缓

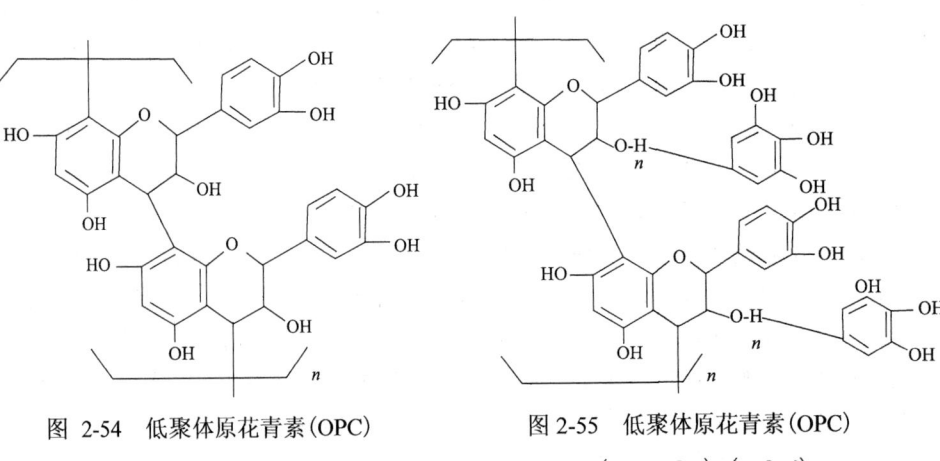

图 2-54　低聚体原花青素(OPC)　　　　图 2-55　低聚体原花青素(OPC)
　　$(C_{30}H_{26}O_{12})_n$ (n=2~4)　　　　　　　$(C_{44}H_{32}O_{12})_n$ (n=2~4)

人体皮肤衰老，养颜美容。而且，OPC能阻隔紫外线，增加抗辐射能力，防止过敏、关节炎、白内障、癌症等与自由基有关的疾病，增强免疫力。

(4) 由于葡萄籽油的保健作用，它在欧洲已有100多年的使用史，被用作儿童、老年人的高级营养油，高空作业者和飞行员的高级保健油，并被国内外营养学家和医学界称为"食用美容品"。

超临界流体萃取(supercritical fluid extraction, SFE)技术是20世纪70年代以来发展起来的一种新型的化工分离技术。这项技术综合了溶剂萃取和蒸馏的特点及功能，具有速度快、产率高、无溶剂残留、无污染等优点。流体的超临界状态是指流体的温度和压力都处于它的临界温度和临界压力以上。可以用作超临界萃取溶剂的物质有很多，如二氧化碳、甲烷、乙烷、丙烷、丙烯、甲醇、乙醇、苯、甲苯、氨、氮气、氩气、氙气、水等。综合考虑物质的临界点数据、应用于生产的可能性以及成本等各种因素，二氧化碳成为超临界流体萃取的首选溶剂。二氧化碳的临界温度(31.06 ℃)和临界压力(7.39 MPa)较低，一方面可以在室温附近实现超临界萃取的操作，减少了对能量的消耗；另一方面也降低了对设备的要求，同时还可以保证热敏性物质在萃取过程中不被热分解。超临界流体的溶解能力与流体的密度有关，与密度大致成正比关系。在二氧化碳的临界点附近，温度和压力微小的变化都可以引起流体密度极大的变化，从而引起超临界二氧化碳流体溶解能力的显著改变。因此，通过改变超临界二氧化碳的温度和压力就可以选择性地进行物质的萃取。另外，与一些有机溶剂相比，二氧化碳不易燃，无毒性，不会造成环境的污染。溶剂与产物的分离可以很容易地通过等温降压或等压升温的方法实现。而且二氧化碳有活性低、价格低廉、易于生产等优点，有很好的应用前景。

葡萄籽中含有12%～16%的油脂，主要成分为亚油酸。葡萄籽油中维生素E的含量较高，胆固醇含量较低，是一种优质的食用油。

处于超临界状态的流体具有十分独特的物理化学性质，其密度接近液体，因而对溶质有很强的溶解能力。而黏度和扩散系数比液体大得多，接近气体，因而具有良好的传质性能。选择适当的操作条件(如体系的温度、压力、静态萃取时间、动态萃取时间等)，可以高效地提取葡萄籽中的油脂，并且通过升高温度或降低压力就能够方便地实现CO_2与产物的分离。整个过程符合绿色化学标准。

四、仪器和试剂

仪器：超临界CO_2萃取仪，无油空气压缩机，低温恒温槽。

试剂：液态CO_2(纯度≥99.95%)，葡萄籽。

五、实验步骤

(1) 称取粗葡萄籽 50 g，用清水冲洗，去除杂物后干燥。

(2) 将干燥过的葡萄籽粉碎，称取粉末约 7 g 装入萃取釜中（注意填料顺序，依次是滤片、聚丙烯纤维、物料、聚丙烯纤维、滤片）。

(3) 将装入物料的萃取釜接入萃取系统中。

(4) 接通电源，通入 CO_2 气体，启动空气压缩机，设置炉温和釜温。

(5) 待系统温度稳定后，提升系统压力至实验值，静态萃取开始，计时。

(6) 静态萃取结束后，打开出气阀门收集产物，计时。

(7) 动态萃取结束后，降低体系压力。

(8) 保持阀门开启，继续通 CO_2 约 1 min。

(9) 依次关闭钢瓶阀门、进气阀门、空气压缩机、主机电源、恒温水浴。

(10) 将萃取釜从萃取炉中取出，倒出物料，清洗干净。

六、数据记录和结果处理

为确定提取的最佳工艺条件，本实验以 4 个因素变量设计了四因素三水平正交试验表，见表 2-13 和表 2-14。

表 2-13 四因素三水平正交试验表 $L_9(3^4)$

水平	A(压力)/MPa	B(温度)/℃	C(静态萃取时间)/min	D(动态萃取时间)/min
1	15	35	5	10
2	25	40	10	20
3	35	50	15	30

表 2-14 萃取正交试验结构表 $L_9(3^4)$

	水平组合 ABCD	A /MPa	B /℃	C/min	D/min	产品质量	产率
1	1111	15	35	5	10		
2	1222	15	40	10	20		
3	1333	15	50	15	30		
4	2123	25	35	10	30		
5	2231	25	40	15	10		
6	2312	25	50	5	20		
7	3132	35	35	15	20		
8	3213	35	40	5	30		
9	3321	35	50	10	10		

七、思考题

(1) 超临界 CO_2 萃取葡萄籽油过程中的温度、压力和萃取时间对实验结果分别有何影响？

(2) 如何选择最佳的工艺条件？

第二部分 利用夹带剂提高超临界二氧化碳萃取葡萄籽油的产率

一、实验目的

(1) 了解超临界二氧化碳萃取过程中加入夹带剂的目的及影响。
(2) 了解夹带剂的类型。

二、预习问题

(1) 什么是夹带剂？有何分类？
(2) 了解夹带剂的作用原理。

三、实验原理

由于纯 CO_2 的非极性特点，在萃取葡萄籽油这类具有一定极性而且相对分子质量较大的物质时，通常要在 CO_2 中加入夹带剂，改变 CO_2 流体的极性，从而提高超临界气体的溶解性和选择性。

常用的夹带剂有无水乙醇、甲醇、正丁醇、丙酮、乙酸乙酯等。本实验选用无水乙醇为夹带剂，在压力 15 MPa、温度 35 ℃、静态萃取 5 min、动态萃取 30 min 和原料质量等固定不变的条件下，考察原料与夹带剂的料液比(体积比为 1∶100，2∶100，3∶100，4∶100，5∶100，6∶100，7∶100，8∶100，9∶100)对萃取率的影响。

夹带剂可从两个方面影响溶质在超临界气体中的溶解度和选择性：一是溶剂的密度；二是溶质与夹带剂分子间的相互作用。一般来说，少量夹带剂的加入对溶剂气体的密度影响不大，而影响溶解度与选择性的决定因素是夹带剂与溶质分子间的范德华作用力或夹带剂与溶质有特定的分子间作用，如形成氢键及其他各种化学作用力等。另外，在溶剂的临界点附近，溶质溶解度对温度、压力的变化最为敏感，加入夹带剂后，混合溶剂的临界点相应改变，如果能够选择合适的溶剂并且调整它们的配比，使混合溶剂的临界点更接近萃取温度，则可增加溶解度对温度、压力的敏感程度。

非极性的 CO_2 只能有效地萃取相对分子质量较低的非极性物质，且选择性不高，向纯组分超临界气体中加入一种少量的、可以与之混溶的、挥发性介于被分离物质与超临界组分之间的物质(夹带剂)是提高超临界溶剂的萃取能力和拓宽 SFE 技术应用范围的一种有效途径。

夹带剂可分为两类,一类是混溶的超临界溶剂,其中含量少的被视为夹带剂;另一类是将亚临界态的有机溶剂加入纯超临界流体中。随着加入量的不同,它们可能形成单一相混溶态的超临界混合流体,也可能形成由超临界流体夹带部分液相两相混合溶剂,但一般不希望出现后一种情况。

使用夹带剂的超临界二氧化碳萃取拓宽了超临界萃取的应用范围。同时,由于提高溶质在其中的溶解度而提高了溶剂的萃取能力,并减小所需的溶剂量,也使所需压力大大降低。但是必须注意以下问题:一是夹带剂与超临界溶剂应能较易分离,同时夹带剂与目标产物也应容易分离;二是使用的夹带剂不能对目标产物造成污染。

四、仪器和试剂

仪器:超临界 CO_2 萃取仪,无油空气压缩机,低温恒温槽,液态 CO_2(纯度≥99.95%)。

试剂:葡萄籽,无水乙醇。

五、实验步骤

(1) 称取葡萄籽粉末 7 g,装入萃取釜中(注意填料顺序,依次是滤片、聚丙烯纤维、物料、聚丙烯纤维、滤片)。

(2) 将装入物料的萃取釜接入萃取系统中。

(3) 接通电源,根据料液比调整夹带剂泵【flow】示数(单位:mL/min),控制通入夹带剂时间。停止夹带剂泵后,通入 CO_2 气体,启动空气压缩机,设置炉温和釜温。

(4) 待系统温度稳定以后,提升系统压力至实验值,静态萃取开始,计时。

(5) 静态萃取结束后,打开出气阀门收集产物,计时。

(6) 动态萃取结束后,降低体系压力。

(7) 保持阀门开启,继续通 CO_2 约 1 min。

(8) 将所收集产物沸水浴 10 min,蒸发出其中的夹带剂。

(9) 依次关闭钢瓶阀门、进气阀门、空气压缩机、主机电源、恒温水浴。

(10) 将萃取釜从萃取炉中取出,倒出物料,清洗干净。

六、数据记录和结果处理

本实验通过改变料液比,在 15 MPa、35 ℃下静态萃取 5 min 后动态萃取 30 min。通过产率考察料液比的最佳工艺条件。

实验编号	料液比	产品质量/g	产率/%
1	空白		
2	1∶100		
3	2∶100		
4	3∶100		
5	4∶100		
6	5∶100		
7	6∶∶100		
8	7∶100		
9	8∶100		
10	9∶100		

七、思考题

如何选择夹带剂泵的流速及通入夹带剂的时间？

第三部分　超临界二氧化碳萃取葡萄籽油中亚油酸及原花青素含量的测定

一、实验目的

通过紫外分光光度计测定超临界二氧化碳萃取所得葡萄籽油及市购植物油中亚油酸及原花青素的含量。

二、预习问题

亚油酸及原花青素的最大吸收波长是多少？

三、实验原理

紫外分光光度计是根据物质的吸收光谱研究物质的成分、结构和物质间相互作用的有效手段。紫外分光光度计可以在紫外-可见光区任意选择不同波长的光。物质的吸收光谱就是物质中的分子和原子吸收入射光中的某些特定波长的光能量，相应地发生电子能级跃迁的结果。由于各种物质具有不同的分子、原子和不同的空间结构，其吸收光能量的情况也不相同，因此每种物质有其特有的、固定的吸收光谱曲线，可根据吸收光谱上的某些特征波长处吸光度的大小测定该物质的含量。

四、仪器和试剂

仪器：紫外分光光度计。

试剂：石油醚。

五、实验步骤

(1)打开计算机及紫外分光光度计，双击 UVWin5 紫外软件，进入开机自检。

(2)进入光谱扫描，设置扫描参数，扫描起点 400.00 nm，终点 200.00 nm。以石油醚为空白，扫描基线。

(3)将待测植物油取样稀释至适当浓度，扫描其光谱，确定最大吸收波长。

(4)进入光度扫描，设定亚油酸及原花青素的最大吸收波长，将植物油取样稀释至适当浓度进行测量。

六、数据记录和结果处理

植物油	测定亚油酸稀释倍数	吸光度	测定原花青素稀释倍数	吸光度
葡萄籽油				
花生油				
大豆油				

七、思考题

根据吸光度及稀释倍数，比较三种植物油中亚油酸和原花青素含量的相对大小。

(李 伟)

附录

附录1 紫外光谱

一、紫外光谱的简介

在紫外光谱(UV)中,波长单位用 nm 表示。紫外光的波长范围是 100~400 nm,它分为两个区段。波长在 100~200 nm 称为远紫外区,这种波长能被空气中的氮、氧、二氧化碳和水吸收,因此只能在真空中进行研究,故这个区域的吸收光谱称为真空紫外,由于技术要求很高,目前在有机化学中用途不大。波长在 200~400 nm 称为近紫外区,一般的紫外光谱是指这一区域的吸收光谱。波长在 400~800 nm 称为可见光谱。常用的分光光度计一般包括紫外及可见两部分,波长为 200~800 nm(或 200~1000 nm)。

许多有机分子中的价电子跃迁,须吸收波长为 200~1000 nm 的光,恰好落在紫外-可见光区域。因此,紫外光谱是由于分子中价电子的跃迁而产生的,也可以称之为电子光谱。

紫外光谱图提供两个重要的数据:吸收峰的位置和吸收光谱的吸收强度。吸收光谱的吸收强度是用朗伯(Lambert)-比尔(Beer)定律来描述的,这个定律可以用下面的公式来表示:

$$A = \lg(I_0/I) = \kappa c l = \lg(1/T)$$

式中,A 为吸光度(absorbance);I_0 为入射光的强度;I 为透射光的强度;$T = I/I_0$ 为透射比(transmittance),又称透光率或透过率,用百分数表示;l 为光在溶液中经过的距离(一般为吸收池的长度);c 为吸收溶液的浓度;$\kappa = A/(cl)$,称为吸收系数(absorptivity),若 c 以 mol/L 为单位,l 以 cm 为单位,则 κ 称为摩尔消光系数或摩尔吸收系数,单位为 $cm^2 \cdot mol$(通常可省略)。

二、实验

1. 实验目的

(1)掌握紫外吸收光谱的基本原理。
(2)熟悉紫外光谱仪的基本使用方法。

2. 仪器和试剂

仪器:紫外光谱仪,比色皿,镜头纸,滴管,烧杯。
试剂:高纯水(乙醇),溶剂 DMSO。

3. 实验步骤

(1)样液的制备：用塑料管称量少许样品，加入一定量的 DMSO 溶剂分散，然后将其超声至颜色均匀即可。

(2)操作步骤：

a. 打开紫外光谱仪，预热 0.5 h，波长范围为 200～800 nm，用空气扫描基线。

b. 先用高纯水(乙醇)润洗比色皿，然后用溶剂 DMSO 洗，最后用少量试样润洗。

c. 加样至比色皿的 2/3 处，用镜头纸轻轻擦拭比色皿光面，并将光面对准光源放入第一格中，盖上盖，开始测试。

d. 点击保存，选择数据打印表(txt 格式)，将文件另存到指定文件夹中。

4. 注意事项

(1)不能用手触摸比色皿光面。

(2)试样加入量不能太多或太少，加到比色皿的 2/3 处即可。

附录2 红外光谱

一、红外光谱的简介

当一束具有连续波长的红外光通过物质,物质分子中某个基团的振动频率或转动频率与红外光的频率相同时,分子就吸收能量由原来的基态振(转)动能级跃迁到能量较高的振(转)动能级,该处波长的光就被物质吸收。因此,红外光谱法实质上是一种根据分子内部原子间的相对振动和分子转动等信息来确定物质分子结构和鉴别化合物的分析方法。将分子吸收红外光的情况用仪器记录下来,就得到红外光谱图。红外光谱图通常以波长(λ)或波数(σ)为横坐标,表示吸收峰的位置,以透光率(T)或吸光度(A)为纵坐标,表示吸收强度。

当外界电磁波照射分子时,如照射的电磁波的能量与分子的两能级差相等,该频率的电磁波就被分子吸收,从而引起分子对应能级的跃迁,宏观表现为透射光强度变小。电磁波能量与分子两能级差相等为物质产生红外吸收光谱必须满足的条件之一,这决定了吸收峰出现的位置。

红外光谱产生的第二个条件是红外光与分子之间有偶合作用,为了满足这个条件,分子振动时其偶极矩必须发生变化。这实际上保证了红外光的能量能传递给分子,这种能量的传递是通过分子振动偶极矩的变化来实现的。并非所有的振动都会产生红外吸收,只有偶极矩发生变化的振动才能引起可观测的红外吸收,这种振动称为红外活性振动;偶极矩等于零的分子振动不能产生红外吸收,称为红外非活性振动。

二、实验

1. 实验目的

(1)掌握红外吸收光谱的基本原理,掌握吸收基团与频率的关系,并能鉴别键振动的类型。

(2)熟悉傅里叶变换红外光谱仪的工作原理和使用方法,掌握粉末试样的光谱测试方法。

2. 仪器和试剂

仪器:傅里叶变换红外光谱仪,玛瑙研钵,压片机。
试剂:溴化钾粉末,试样,乙醇。

3. 实验步骤

(1)按一定比例称取少量干燥的溴化钾粉末与试样混合,研磨均匀后加入压片机中压片。

(2)将所得样片放到红外光谱仪样品架上进行测试。

(左 霞)

附录3 近红外光谱分析的一般步骤

(1)准确扫描校正样品集中各个样品规范的近红外光谱。为了克服近红外光谱测定不稳定的困难，必须严格控制包括制样、装样、测试条件、仪器参数等测量参数在内的测量条件；利用该校正样品集建立的数学模型，也只能适用于按这个测量条件所测量光谱的样品。

(2)选择与建立校正样品集中各个样品。为了克服近红外光谱复杂多变的高背景，校正样品集中的各个样品必须包括今后待测样品中的全部背景，利用该校正样品集建立的数学模型，就能够校正样品中各种复杂的背景，该数学模型也只能适用于包括这些背景的样品，可以按光谱特征或浓度来选择校正校品集。

(3)准确测定样品集中每个样品的各种待测成分或性质(称为化学值)。因为这些值测定的精确度是近红外光谱运用数学模型进行定量分析精确度的理论极限。

(4)剔除异常值，建立校正样品集(标样集)：由上述(1)、(2)环节测定的校正样品集中样品的光谱与化学值，有可能由于各种随机的原因而有较严重的失真，这些样品的测定值称为异常值。这些失真的样品若包含在校正样品集中，就会影响所建数学模型的可靠性，因此在建立模型时应当剔除这些异常值。一般定量分析程序中都包含用统计方法指出某些异常值，应用人员可以根据情况决定是否将这些异常样品剔除。

(5)对校正样品集中样品光谱的预处理与分析谱区的选定。光谱的预处理与谱区的选定是克服近红外光谱测定不稳定的有效环节。根据标样光谱的状况对光谱进行预处理，包括求导、数字滤波、傅里叶变换和小波变换滤波等，以降低系统背景和随机背景。近红外光谱定量分析数学模型所包含的谱区(光谱的数据点)一般应根据样品的特点而选定；增加谱区的范围就可以增加对光谱信息采集的范围，即提高信息量。但因为每个光谱的数据点也包含测量误差，所以数学模型利用的数据点越多，则包含的测量误差也越大。为了减少近红外光谱中某些信息量小、失真大的部分谱区，以避免这些谱区的测量误差影响数学模型的稳定性，需要选择建立数学模型所用的谱区。可以依据导数光谱或相关系数随频率变化的相关图选择数学模型包括的频率范围。

(6)选择算法，确定模型的参数，建立、检验与评价数字模型。常用的算法有逐步回归分析、偏最小二乘法、主成分回归分析等。这些算法的基本思想是应用近红外光谱的全光谱的信息，以解决近红外光谱的谱峰重叠与复杂背景的影响。如前所说，不同组分虽然在某一谱区可能重叠，但在全光谱范围内不可能完全相同。因此，为了区别不同组分，必须应用全光谱的信息。

可用内部交叉证实法确定数学模型所用的最佳维数(阶数)。内部交叉证实法是评价确定数学模型的一种有效方法。这种方法是依次、每次从校正样品集中提出一个或几个样品，然后用剩余的样品建立数学模型，并用数学模型预测原来提出的一个或几个样品，作为对数学模型的检验。反复进行上述步骤，直至校正样品集中的每个样品都被预测检测过一次为止。为了评价数学模型，将内部交叉证实时用数学模型预测计算的校正样品集中各样品的化学值与各样品的实际值做线性相关，计算相关系数和校正标准差，并用相关系数和校正标准差评价数学模型的预测效果。要求相关系数接近 1，校正标准差逼近于校正样品集测定标样化学值的标准差。如果内部交叉证实法确定数学模型预测的效果较好，则可以运用外部证实法进一步检验和评价数学模型，否则需重复(4)、(5)、(6)以优化数学模型。

(7)用外部证实法检验和评价数学模型，以检验数学模型在时间和空间上的稳定性。可以用另外几批独立的、待测量已知的检验样品集，用数学模型预测计算检验集中各样品的待测值。对实际值与预测值做线性相关，并用相关系数和预测标准差表示预测效果，要求相关系数接近 1，预测标准差逼近于校正标准差。为了检验数学模型在时间、空间上的稳定性，需要用数学模型预测不同时间和空间的检验样品集，检验预测标准差是否都能得到稳定的结果。如果外部证实法确定数学模型预测的效果好，则可以考虑近红外光谱分析中应用这些数学模型，否则需重复(4)、(5)、(6)以优化数学模型。如果测定的样品在时间和空间条件上有一些新的变化，原有的数学模型已不适合此新条件，则需重新建立有代表性的校正样品集(可以在原有的样品集中增加一些新的样品类型，以使新的校正样品集能代表新的类型样品)，然后按照(1)~(7)环节对数学模型进行修正与维护。

(相玉红)